CONAN DOYLE

THE FINAL PROBLEM
Le problème final

Nouvelles
Short Stories

Traduction et notes de
Pierre NORDON
Professeur à la Sorbonne

Les langues pour tous

Collection dirigée par Jean-Pierre Berman,
Michel Marcheteau et Michel Savio

ANGLAIS
Série bilingue

Pour prendre contact avec des œuvres en version originale

Niveaux : ❏ facile (1er cycle) ❏❏ moyen (2e cycle) ❏❏❏ avancé

Littérature anglaise et irlandaise

- **Carroll Lewis** ❏
  Alice in Wonderland
- **Conan Doyle** ❏
  Nouvelles (4 volumes)
- **Greene Graham** ❏❏
  Nouvelles
- **Jerome K. Jerome** ❏❏
  Three men in a boat
- **Mansfield Katherine** ❏❏❏
  Nouvelles
- **Wilde Oscar**
  Nouvelles ❏
  The Importance of being
  Earnest (extraits) ❏❏
- **Wodehouse P.G.**
  Nouvelles ❏❏

Ouvrages thématiques

- **L'humour anglo-saxon** ❏
- **L'anglais par les chansons** ❏
  (+ 💿)
- **Science fiction** ❏❏

Littérature américaine

- **Bradbury Ray** ❏❏
  Nouvelles
- **Chandler Raymond** ❏❏
  Trouble is my business
- **Columbo** ❏
  Aux premières lueurs de l'aube
- **Hammett Dashiell** ❏❏
  Murders in Chinatown
- **Highsmith Patricia** ❏❏
  Nouvelles
- **Hitchcock Alfred** ❏❏
  Nouvelles
- **King Stephen** ❏❏
  Nouvelles
- **James Henry** ❏❏❏
  The Turn of the Screw
- **London Jack** ❏❏
  Nouvelles
- **Fitzgerald Scott** ❏❏❏
  Nouvelles

Anthologies

- **Nouvelles US/GB** ❏❏ (2 vol.)
- **Les grands maîtres
  du fantastique** ❏❏
- **Nouvelles américaines
  classiques** ❏❏

Pour trouver les autres ouvrages de la collection **Langues pour tous**
(méthodes, grammaires, dictionnaires, langue de spécialité)
demander le catalogue **Langues pour tous** à votre libraire.

Autres langues disponibles dans les séries de la collection **Langues pour tous**
ALLEMAND - AMÉRICAIN - ARABE - CHINOIS - ESPAGNOL - FRANÇAIS - GREC - HÉBREU
ITALIEN - JAPONAIS - LATIN - NÉERLANDAIS - OCCITAN - POLONAIS - PORTUGAIS
RUSSE - TCHÈQUE - TURC - VIETNAMIEN

Sommaire

- Signes et abréviations 4
- Comment utiliser la série « Bilingue » ? 5
- Prononciation 6
- Préface 7
- Chronologie de Conan Doyle 9

- **The Musgrave Ritual**
  Le Rituel des Musgrave 11

- **The Final Problem**
  Le Problème final 71

- **The Adventure of the Empty House**
  L'Aventure de la maison vide 129

Signes et principales abréviations utilisés dans les notes

≠	contraire de	*fig.*	figuré
⚠	attention à…	*invar.*	invariable
▲	faux ami	*litt.*	littéralement
abr.	abréviation	*pr.*	pronom
adj.	adjectif	*qqch.*	quelque chose
adv.	adverbe	*qqun*	quelqu'un
c.-à-d.	c'est-à-dire	*sb*	somebody
fam.	familier	*syn.*	synonyme

Professeur à la Sorbonne (E.R.) Pierre NORDON est l'auteur d'ouvrages et articles concernant la littérature, la culture et l'histoire de la Grande-Bretagne (**Conan Doyle**, *Histoire des doctrines politiques*, etc.). Membre de l'International Association of University Professors of English, il a effectué des missions d'enseignement aux États-Unis, en Angleterre, en Allemagne, et dans plusieurs pays d'Afrique francophone. Il a représenté la France à la commission culturelle du Conseil de l'Europe et fait partie de différentes commissions scientifiques. Il a été membre du jury de l'agrégation d'anglais et dirige de nombreuses recherches doctorales.
Traducteur de **Somerset Maugham** et de **D.H. Lawrence**, il a publié récemment chez Garnier la première édition française des nouvelles complètes de cet écrivain.

© Pocket - Langues pour tous 1988
pour la traduction française, les notes et la présentation.
Nouvelle édition 2003

ISBN : 2-266-13277-6

Comment utiliser la série « Bilingue » ?

Les ouvrages de la série « Bilingue » permettent aux lecteurs :
• d'avoir accès aux versions originales de textes célèbres, et d'en apprécier, dans les détails, la forme et le fond, en l'occurrence, ici, **3 nouvelles de Conan Doyle** ;
• d'améliorer leur connaissance de l'anglais, en particulier dans le domaine du vocabulaire dont l'acquisition est facilitée par l'intérêt même du récit, et le fait que mots et expressions apparaissent en situation dans un contexte, ce qui aide à bien cerner leur sens.

Cette série constitue donc une véritable méthode d'auto-enseignement, dont le contenu est le suivant :
• page de gauche, le texte en anglais ;
• page de droite, la traduction française ;
• bas des pages de gauche et de droite, une série de notes explicatives (vocabulaire, grammaire, rappels historiques, etc.).

Les notes de bas de page aident le lecteur à distinguer les mots et expressions idiomatiques d'un usage courant et qu'il lui faut mémoriser, de ce qui peut être trop exclusivement lié aux événements et à l'art de l'auteur.

Il est conseillé au lecteur de lire d'abord l'anglais, de se reporter aux notes et de ne passer qu'ensuite à la traduction ; sauf, bien entendu, s'il éprouve de trop grandes difficultés à suivre le texte dans ses détails, auquel cas il lui faut se concentrer davantage sur la traduction, pour revenir finalement au texte anglais, en s'assurant bien qu'il en a maintenant maîtrisé le sens.

Signes et principales abréviations

Prononciation

Sons voyelles

[ɪ] **pit**, un peu comme le *i* de *site*

[æ] **flat**, un peu comme le *a* de *patte*

[ɒ] ou [ɔ] **not**, un peu comme le *o* de *botte*

[ʊ] ou [u] **put**, un peu comme le *ou* de *coup*

[e] **lend**, un peu comme le *è* de *très*

[ʌ] **but**, entre le *a* de *patte* et le *eu* de *neuf*

[ə] jamais accentué, un peu comme le *e* de *le*

Voyelles longues

[i:] **meet** [mi:t] cf. *i* de *mie*

[ɑ:] **farm** [fɑ:m] cf. *a* de *larme*

[ɔ:] **board** [bɔ:d] cf. *o* de *gorge*

[u:] **cool** [ku:l] cf. *ou* de *mou*

[ɜ:] ou [ə:] **firm** [fə:m] cf. *e* de *peur*

Semi-voyelle :

[j] **due** [dju:], un peu comme *diou*...

Diphtongues (voyelles doubles)

[aɪ] **my** [maɪ], cf. *aïe !*
[ɔɪ] **boy**, cf. *oyez !*
[eɪ] **blame** [bleɪm] cf. *eille* dans *bouteille*
[aʊ] ou [au] **now** [naʊ] cf. *aou* dans *caoutchouc*

[əʊ] ou [əu] **no** [nəʊ], cf. *e* + *ou*
[ɪə] **here** [hɪə] cf. *i* + *e*
[eə] **dare** [deə] cf. *é* + *e*
[ʊə] ou [uə] **tour** [tʊə] cf. *ou* + *e*

Consonnes

[θ] **thin** [θɪn], cf. *s* sifflé (langue entre les dents)
[ð] **that** [ðæt], cf. *z* zézayé (langue entre les dents)
[ʃ] **she** [ʃi:], cf. *ch* de *chute*

[ŋ] **bring** [brɪŋ], cf. *ng* dans *ping-pong*
[ʒ] **measure** ['meʒə], cf. le *j* de *jeu*
[h] le *h* se prononce ; il est nettement <u>expiré</u>

Accentuation

' accent unique ou principal, comme dans MOTHER ['mʌðə]
, accent secondaire, comme dans PHOTOGRAPHIC [,fəʊtə'græfɪk]

* indique que le *r*, normalement muet, est prononcé en liaison ou en américain

Préface

Natif d'Édimbourg, Arthur Conan Doyle était issu d'une famille anglo-irlandaise catholique, célèbre dans le milieu artistique londonien. Le *Dictionnaire de Biographie Nationale* nous parle de son grand-père, John Doyle, caricaturiste politique, et de ses trois oncles, notamment Richard, ami et protégé du romancier Thackeray. Charles, père de notre écrivain, devait connaître une carrière plus modeste et prématurément abrégée par la maladie. Architecte municipal de la ville d'Édimbourg, il y avait épousé une catholique irlandaise qui lui donna sept enfants vivants, cinq filles et deux fils ; Arthur était l'aîné des fils.

Il fut éduqué au pensionnat jésuite de Stonyhurst, dans le nord de l'Angleterre. Stonyhurst est pour les familles catholiques du pays ce que sont Eton ou Charterhouse pour les familles anglicanes. De constitution athlétique, Arthur s'y distingue davantage sur les terrains de sport que dans les disciplines scolaires. Sa curiosité intellectuelle le pousse vers les sciences de la nature, cependant que sa mère, Mary Doyle, éveille en lui le goût de l'histoire, l'histoire militaire en particulier.

Il entreprend dans sa ville natale des études de médecine qui furent marquées par sa rencontre avec un professeur, Joseph Bell, dont les spectaculaires diagnostics contribuèrent peut-être à faire germer quelques années plus tard la silhouette de Sherlock Holmes. Deux étés successifs lui donnent, comme médecin de bord, l'occasion de gagner un peu d'argent et de voir du pays : l'Antarctique d'abord, le golfe de Guinée ensuite.

Il s'installe à Portsmouth, s'y marie, mais la routine de la vie provinciale ne saurait le satisfaire pleinement : il écrit. Grand admirateur de Walter Scott, il désirera longtemps se voir consacré comme romancier historique. Cette consécration se trouvera détournée au profit de Sherlock Holmes. Car dès 1887 un récit auquel le jeune écrivain n'attachait qu'un intérêt relatif attire l'attention du public dès sa parution. C'est *Étude en rouge (A Study in Scarlet)*. En 1890 Conan Doyle s'installe à Londres et abandonne bientôt la carrière médicale pour se consacrer entièrement à son violon d'Ingres.

Les étapes de sa carrière littéraire se succèdent alors rapidement et la fin du siècle voit Conan Doyle « médiatisé » par la grande presse de l'époque. Sans abandonner pour autant le métier qu'il a choisi — Conan Doyle se fait de la profession d'écrivain une très haute idée —, il va mettre sa popularité au service des causes publiques les plus diverses. Médecin militaire puis historiographe pendant la guerre des Boers, criminaliste et justicier dans l'affaire Edalji et dans l'affaire Slater, défenseur des droits de l'homme au Congo belge, théoricien militaire à la veille de la Grande Guerre, champion du spiritisme, enfin, considéré par lui comme la « nouvelle révélation », Conan Doyle est, avec l'autre Irlandais, Bernard Shaw, l'écrivain le plus engagé de son temps.

Abstraction faite de toute ressemblance physique, Sherlock Holmes est donc à l'image de son créateur. Mais il s'agit pour nous d'expliquer les raisons d'une popularité littéraire tout à fait sans précédent. Dans un premier temps cette popularité doit énormément au développement de la grande presse populaire. Le tirage du *Strand Magazine* atteint très rapidement 500 000 exemplaires. Publié ensuite sous forme de volume, le premier tirage à 10 000 exemplaires des *Aventures de Sherlock Holmes* est épuisé en moins de trois mois. Le dessinateur Sidney Paget a croqué la silhouette du héros dans les pages de la revue, achevant ainsi de donner corps à un personnage que plus d'un profane va bientôt prendre pour un personnage réel. Agacé d'être perçu comme « le créateur de Sherlock Holmes », Conan Doyle décide en 1893 de le faire disparaître au fond d'un précipice alpin (« Le Problème final »). Devant les protestations indignées du public... et des éditeurs, il consent à la résurrection du héros. *Le Retour de Sherlock Holmes*, treize nouvelles dont « L'Aventure de la maison vide » est la première, vaut à l'auteur un contrat de 45 000 dollars, somme qui constitue alors un véritable record. Sherlock Holmes va donc se survivre jusqu'en 1927, date à laquelle l'auteur boucle une saga entreprise quarante ans plus tôt et qui compte au total soixante récits. Dans le couple Holmes-Watson qui sert de commun dénominateur à cette construction, le personnage de Watson est une invention d'importance capitale. Le bon docteur n'est pas seulement témoin, comparse et chroniqueur, il contribue par sa naïveté à valoriser le lecteur en émettant des hypothèses dont nous doutons qu'elles soient pertinentes, sans que nous puissions pour autant découvrir la solution. Notre lecture fonctionne ainsi à deux niveaux distincts : d'une part celui du jeu de société (découvrir la solution d'une énigme) et le niveau de la comédie, lié aux rapports entre Holmes et son compagnon.

Une autre source de plaisir tient à la datation des récits. La période dans laquelle s'ancrent ces soixante aventures est en gros celle des années 1890, c'est-à-dire une période qui, pour toute une génération de lecteurs, fut considérée comme « la belle époque ». La *saga* évoque souvent un Londres dont la littérature n'avait jamais donné de description : un Londres du crime, sans doute, mais aussi une métropole en pleine transformation, avec son système de transports, ses gares, ses grands hôtels, ses artères animées. Il lui arrive plus rarement — mais c'est le cas pour « Le Rituel des Musgrave » — d'évoquer un événement historique particulièrement marquant. Mais surtout « Le Rituel des Musgrave » met en jeu un rituel d'un autre type, celui de la quête du trésor, puis celui du mystère du trésor, rituel qui, de Poe à Kipling en passant par Stevenson, informe un secteur important de « la grande tradition » littéraire britannique.

P.N.

Chronologie de Conan Doyle

1859 (22 mai) — Naissance à Édimbourg (Picardy Place).
1876 — Entreprend ses études médicales à Édimbourg.
1879 — Son père, Charles, doit être placé dans un hôpital psychiatrique.
1880 — Voyage dans l'Antarctique à bord d'un baleinier comme médecin de bord.
1881 — Médecin de bord sur un cargo desservant l'Afrique occidentale.
1882 — Exerce la médecine à Southsea, près de Portsmouth.
1883 — Commence à s'intéresser au spiritisme.
1885 — Épouse Louise Hawkins.
1888 — *Étude en rouge*.
1889 — *Micah Clarke*.
1890 — *La Marque des quatre*.
1891 — Installe son cabinet à Londres puis renonce à l'exercice de la médecine. *La Compagnie blanche*.
1892 — *Les Aventures de Sherlock Holmes* dans le *Strand Magazine*.
1893 — Mort de Charles Doyle. *Les Réfugiés*, *Les Mémoires de Sherlock Holmes*.
1891-1894 — Voyages et conférences (Norvège, Suisse, Égypte, États-Unis).

1895 — Correspondant de guerre en Égypte pour le *Westminster Gazette*.

1897 — Début de la publication des récits sur la période napoléonienne.

1900 — En Afrique du Sud, *Histoire de la guerre des Boers*. En Écosse, candidat conservateur malchanceux aux élections législatives.

1902 — Reçoit le titre de « Sir ». *Le Chien des Baskerville*.

1903 — *Les Aventures de Gerard*.

1905 — *Le Retour de Sherlock Holmes*.

1906 — Nouvelle candidature aux élections et nouvel échec. Mort de Louise (tuberculose).

1907 — Entreprend la défense de George Edalji. Second mariage.

1909 — *Le Crime du Congo*.

1911 — Participe à un rallye automobile en Rhénanie.

1912 — *Le Monde perdu*.

1914 — *Great Britain and the Next War* (« La Grande-Bretagne et la prochaine guerre »).

1915 — *La Vallée de la peur*.

1916 — Mission sur le front français. Reçu par Clemenceau. Mission sur le front italien.

1916-1920 — *The British Campaigns in France and Flanders* (« Les campagnes des forces britanniques en France et en Flandres »).

1918 — *The New Revelation* (profession de foi spirite).

1919 — Entreprend de se consacrer à la cause du spiritisme.

1920-1930 — Voyages de propagande spirite dans le monde entier, rédaction d'ouvrages sur le spiritisme, création d'une librairie spirite.

1924 — *Mémoires et aventures* (autobiographie).

1925 — Obtient la révision du procès et la réhabilitation d'Oscar Slater emprisonné depuis 1914 pour homicide.

1926 — A Paris, élu Président d'honneur de la Fédération spirite internationale.

1927 — Publication des trois derniers exploits de Sherlock Holmes dans le *Strand Magazine*.

1930 (7 juillet) — Meurt à la suite d'une crise cardiaque.

The Musgrave Ritual

Le Rituel des Musgrave

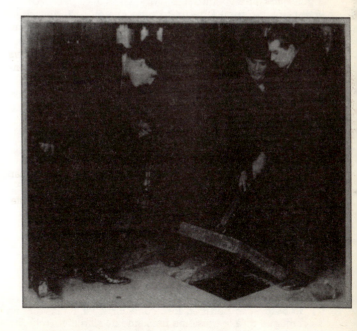

An anomaly which often struck[1] me in the character[2] of my friend Sherlock Holmes was that, although in his methods of thought he was the neatest[3] and most methodical of mankind[4], and although also he affected a certain quiet primness[5] of dress, he was none the less[6] in his personal habits one of the most untidy[7] men that ever drove a fellow-lodger to distraction[8]. Not that I am in the least[9] conventional in that respect myself. The rough-and-tumble[10] work in Afghanistan, coming on the top of a natural Bohemianism of disposition, has made me rather more lax than befits[11] a medical man. But with me there is a limit, and when I find a man who keeps his cigars in the coal-scuttle[12], his tobacco in the toe end[13] of a Persian slipper, and his unanswered correspondence transfixed by a jack-knife[14] into the very centre of his wooden mantelpiece, then I begin to give myself virtuous airs. I have always held[15], too, that pistol practice should be distinctly an open-air pastime ; and when Holmes, in one of his queer humors, would sit in an arm-chair with his hair-trigger[16] and a hundred Boxer cartridges, and proceed to adorn the opposite wall with a patriotic V.R.[17] done in bullet-pocks[18], I felt strongly that neiher the atmosphere nor the appearance of our room was improved by it.

---

1. **to strike** (struck, struck) : *étonner, frapper.*
2. **character :** *le caractère* ou bien *le personnage.*
3. **neat :** *net, méthodique, « sans bavure ».*
4. **mankind :** *le genre humain.* Mais *l'humanité* (les sentiments humains) : **humanity.**
5. **primness :** *délicatesse, recherche.*
6. **none the less** ou **nevertheless :** *néanmoins.*
7. **untidy :** *négligé, désordonné.* Tidiness : *l'ordre, le goût de l'ordre.* To tide over : *mettre en ordre, ranger.*
8. **to drive** (drove, driven) **someone to distraction :** *rendre fou, faire perdre la tête.*
9. **in the least :** *au moindre degré, le moins du monde.*
10. **rough-and-tumble :** litt. *« rude et n'importe comment ».*
11. **to befit** = to be fitted for : *convenir, aller.* N'existe et ne se conjugue qu'à la troisième personne du singulier (it befits, it befitted, it will ou it would befit).

Il y avait dans le caractère de mon ami Sherlock Holmes une anomalie dont j'avais souvent été frappé : bien qu'il fût le plus rigoureux et le plus logique des hommes dans sa façon de raisonner et marquât dans sa façon de s'habiller une discrète recherche, le désordre dont étaient empreintes ses habitudes personnelles avait de quoi rendre fou celui avec qui il partageait son domicile. Je suis moi-même loin d'être un exemple à cet égard. Mon séjour mouvementé en Afghanistan, s'ajoutant à des dispositions naturelles à la vie de bohème, avait eu tendance à me rendre plus négligent qu'il ne sied à un médecin. Mais j'estime qu'il y a des limites et au spectacle d'un homme qui range ses cigares dans le seau à charbon, son tabac au fond d'une babouche et qui plante un couteau à cran d'arrêt en plein milieu de la tablette de la cheminée dans le courrier demeuré sans réponse, je commence à prendre des airs vertueux. J'ai toujours rangé le tir au pistolet parmi les sports de plein air. Aussi lorsque, en proie à une humeur bizarre, installé dans son fauteuil avec son arme de précision et une centaine de cartouches Boxer, Holmes se mettait à tirer sur le mur pour y dessiner de patriotiques « V.R. », j'avais la très nette impression que ni l'atmosphère ni l'apparence de notre salon ne s'en trouvaient améliorées.

---

12. **coal-scuttle** : *un seau à charbon*. **A scuttle** (sur un bateau) : *une écoutille*.
13. **toe** : *un orteil*. **End** : *le bout, l'extrémité*.
14. **jack-knife** (en français, *« canif »* par dérivation) : litt. *un couteau à tout faire*.
15. **to hold** (held, held) : *tenir* ou *soutenir* (au sens fig. *soutenir, entretenir une opinion*).
16. **hair-trigger** (sous-entendu : **revolver**) : *un revolver* dont la détente répond à la pression la plus légère (**a hair** : *un poil, un cheveu*). En position de préfixe, comme *cheveu* en français, le subst. **hair** connote la précision.
17. **« V.R. »** : abréviation de **Victoria Regina** (l'histoire se situe sous le règne de Victoria).
18. **pocks** : *des marques en creux, en « poches »*.

Our chambers[1] were always full of chemicals and of criminal relics which had a way of[2] wandering into unlikely positions, and of turning up in the butter-dish or in even less desirable places. But his papers were my great crux[3]. He had a horror of destroying documents, especially those which were connected[4] with his past cases, and yet it was only once[5] in every year or two that he would muster[6] energy to docket[7] and arrange them; for, as I have mentioned somewhere in these incoherent memoirs, the outbursts[8] of passionate energy when he performed the remarkable feats with which his name is associated were followed by reactions of lethargy during which he would lie about[9] with his violin and his books, hardly[10] moving save from the sofa to the table. Thus month after month his papers accumulated, until every corner of the room was stacked[11] with bundles[12] of manuscript which were on no account[13] to be burned[14], and which could not be put away save by their owner. One winter's night[15], as we sat together by the fire, I ventured[16] to suggest to him that, as he had finished pasting extracts into his common-place book, he might[17] employ the next two hours in making our room a little more habitable. He could not deny the justice[18] of my request, so with a rather rueful[19] face he went off to his bedroom, from which he returned presently[20] pulling a large tin box behind him. This he placed in the middle of the floor, and, squatting down upon a stool in front of it, he threw back the lid[21].

---

1. **chambers** : terme noble pour **rooms** (cf. français : *appartements*).
2. **a way of** : *une façon de.*
3. **crux** : *une croix.* Donc, fig. : *supplice, calvaire.*
4. **to connect** : *mettre en relation* ou *en rapport.* A **connection** : *une relation.* Mais, **a relative** : *un parent.*
5. **once** : *une fois. Deux fois :* **twice** [twais]. Mais *trois fois, quatre fois,* etc. : **three times, four times.**
6. **to muster** : *rassembler* (au prix d'un effort).
7. **to docket** : *étiqueter, indexer.*
8. **an outburst** : *un éclat*; **to burst** (burst, burst) **out** : *éclater.*
9. **to lie** (lay, lain) **about** : *traîner, rester inerte.*
10. **hardly** : *guère, à peine.* Sans rapport avec **hard** *(dur* ou *durement).*
11. **to be stacked** : *être bondé, encombré.* A **haystack** : *une meule de foin.*

Les produits chimiques ou les reliques criminologiques dont regorgeait l'appartement avaient tendance à s'aventurer dans les endroits les plus invraisemblables, à faire leur apparition dans le beurrier ou dans des lieux encore moins propices. Mais ses papiers me mettaient au supplice. Il avait horreur de détruire des documents, surtout ceux qui avaient trait aux affaires dont il s'était occupé ; toutefois c'est seulement tous les ans ou tous les deux ans qu'il mobilisait l'énergie nécessaire pour les étiqueter et les classer. Ainsi que je l'ai indiqué quelque part dans ces réminiscences incohérentes, aux explosions d'énergie passionnée qui accompagnaient les exploits auxquels son nom demeure associé succédaient des réactions léthargiques qui le voyaient en compagnie de son violon et de ses livres, dans un état de prostration dont il ne sortait que pour se rendre de son divan à sa table. Ainsi, de mois en mois, ses papiers s'accumulaient jusqu'à ce que le moindre recoin croulât sous des manuscrits qu'il ne fallait brûler sous aucun prétexte et que seul leur propriétaire avait le droit de ranger. Un soir d'hiver où nous étions assis au coin du feu, je me hasardai à lui suggérer que, puisqu'il avait achevé de coller des coupures de presse dans son album, il pourrait peut-être consacrer les deux heures suivantes à rendre notre salon un peu plus habitable. Holmes ne pouvait pas nier le bien-fondé de ma requête : d'un air plutôt maussade il se rendit dans sa chambre à coucher et revint peu après, traînant derrière lui une grosse cantine métallique. Il l'installa au milieu de la pièce puis, assis devant sur un tabouret, il leva le couvercle.

---

12. **a bundle :** *un paquet mal fait. Un paquet* (prêt à être expédié) : a parcel.
13. **on no account :** *à aucun prix.*
14. **to burn** (burnt, burnt) : *brûler.*
15. **one winter's night :** *une nuit d'hiver.* Le cas possessif doit être employé après les expressions de temps ou de saisons.
16. **to venture :** *s'aventurer, se risquer.*
17. **may, might :** exprime l'éventualité (maybe : *peut-être*).
18. **the justice :** *le bien-fondé.*
19. **rueful :** *qui exprime le regret* (to rue for sth. = *se repentir de qqch.*).
20. **presently :** *bientôt, peu de temps après, sans tarder.*
21. **lid :** *un couvercle.*

I could see that it was already a third full of bundles of paper tied up with red tape[1] into separate packages.

"There are cases enough here, Watson," said he, looking at me with mischievous[2] eyes. "I think that if you knew all that I had in this box you would ask me to pull some out instead of putting others in."

"These are the records[3] of your early[4] work, then ?" I asked. "I have often wished that I had notes of those cases."

"Yes, my boy[5], these were all done prematurely before my biographer had come to glorify me." He lifted bundle after bundle in a tender, caressing sort of way. "They are not all successes, Watson," said he. "But there are some pretty[6] little problems among them. Here's the record of the Tarleton murders, and the case of Vamberry, the wine merchant[7], and the adventure of the old Russian woman, and the singular affair of the aluminium crutch[8], as well as a full account of Ricoletti of the club-foot[9], and his abominable wife. And here — ah, now, this really is something a little *recherché*."

He dived[10] his arm down to the bottom of the chest, and brought up a small wooden box with a sliding[11] lid, such as children's toys are kept in. From within he produced a crumpled[12] piece of paper, and old-fashioned[13] brass key, a peg[14] of wood with a ball of string attached to it, and three rusty[15] old disks of metal.

"Well, my boy, what do you make of[16] this lot ?" he asked, smiling at my expression.

---

1. **red tape :** *des rubans rouges.* Plus couramment : *la paperasserie, la bureaucratie.*
2. **mischievous :** *malicieux, taquin.*
3. **a record :** *un enregistrement, un document qui fait loi.*
4. **early** (≠ late) : *tôt, prématuré, du début.*
5. **my boy :** *mon garçon.* Notons le ton protecteur de Holmes, bien qu'il soit un peu plus jeune que Watson.
6. **pretty** (adverbe) : *assez* ⚠ ne pas confondre avec l'adjectif qui signifie *joli.*
7. **merchant :** *négociant. Un marchand* (boutiquier) : a shopkeeper. *Marchander :* to bargain.
8. **crutch :** *une béquille.*

Je pus constater qu'elle était déjà au tiers pleine de paperasses divisées en petits paquets entourés de ruban rouge.

— Watson, dit-il en me regardant d'un air malicieux, il y a ici pas mal d'affaires ! Si vous saviez tout ce que contient cette cantine, vous voudriez que j'en retire des dossiers au lieu d'y en remettre de nouveaux.

— S'agit-il donc des archives de vos premiers travaux ? J'ai souvent désiré posséder des notes sur ces affaires.

— Oui, mon garçon. Elles ont toutes eu lieu prématurément, avant que mon biographe soit venu me célébrer.

Il soulevait les paquets l'un après l'autre, d'une main tendre et comme caressante.

— Toutes ne sont pas des réussites, dit-il. Mais il y a parmi elles de jolis petits problèmes. Voici le dossier des assassinats de Tarleton, voici l'affaire de Vamberry, le négociant en vins, celle de la vieille Russe, voici l'aventure singulière de la béquille d'aluminium, le détail du cas du pied-bot Ricoletti et de son abominable épouse. Et puis... ah ! cette fois, voici quelque chose d'un peu *recherché*.

Il plongea le bras jusqu'au fond de la cantine pour en exhumer un petit coffret de bois avec un couvercle coulissant, du genre de ceux où l'on range des jouets d'enfants. Holmes en retira un papier chiffonné, une antique clé de bronze, une cheville de bois à laquelle était attachée une pelote de ficelle, et trois vieux disques de métal rouillé.

— Alors, mon garçon, fit-il en souriant de mon expression, que dites-vous de ce lot ?

---

9. **club-foot :** *un pied-bot.*
10. **to dive :** *plonger.* A deep-sea-diver : *un scaphandrier.*
11. **to slide** (slid, slid) : *glisser* ou *faire glisser (comme sur une glissière).*
12. **to crumple :** *chiffonner.*
13. **old-fashioned :** *démodé, ancien* ⚠ *passé de mode* : out of fashion.
14. **peg :** *une fiche de bois* ou *de métal* ; a clothes-peg : *une pince à linge.*
15. **rusty :** *rouillé* ; la rouille : rust.
16. **what do you make** (made, made) **of :** litt. *que faites-vous de ?* c.-à-d. *comment comprenez-vous ?*

"It is a curious collection."

"Very curious, and the story that hangs round[1] it will strike you as being more curious still."

"These relics have a history, then ?"

"So much so[2] that they *are* history."

"What do you mean by that ?"

Sherlock Holmes picked them up one by one, and laid them along the edge of the table. Then he reseated himself in his chair and looked them over[3] with a gleam[4] of satisfaction in his eyes.

"These," said he, "are all that I have left[5] to remind[6] me of the adventure of the Musgrave Ritual."

I had heard him mention the case more than once, though I had never been able to gather[7] the details. "I should be so glad," said I, "if you would give me an account of it."

"And leave the litter[8] as it is ?" he cried, mischievously. "Your tidiness won't bear much strain[9] after all, Watson. But I should be glad that you should add this case to your annals, for there are points in it which make it quite unique in the criminal records of this or, I believe, of any other country. A collection of my trifling[10] achievements[11] would certainly be incomplete which[12] contained no account of this very singular business[13].

"You may remember how the affair[13] of the *Gloria Scott*, and my conversation with the unhappy man whose fate[14], I told you of[15], first turned my attention in the direction of the profession which has become my life's work.

---

1. **to hang** (hung, hung) **round** : *être « suspendu » à, être attaché à* (d'une légende, d'une anecdote).
2. **so much so** : *à tel point que*.
3. **to look over something** : *contempler* un objet que l'on a sous les yeux ⚠ to overlook (sth.) : *oublier, ne pas prendre en compte*.
4. **a gleam** : *une lueur, un éclat*.
5. **all that I have left** : *tout ce qui me reste* (et non « tout ce que j'ai quitté »). Cette expression représente en réalité la forme : all that I have [which is] left dont le sujet est **all that**.
6. **to remind someone of something** : *remémorer qqch. à qqun*.
7. **to gather** : *rassembler* (des morceaux) ou *reconstituer*.
8. **litter** : *les débris, les déchets, les ordures*.
9. **strain** : *effort, tension, pression*.

— C'est un assortiment bizarre.
— Très bizarre. Et l'histoire qui s'y rattache va vous paraître encore plus bizarre.
— Ces reliques ont donc une histoire ?
— Au point d'être l'histoire elle-même !
— Qu'entendez-vous par là ?

Sherlock ramassa les objets un à un, pour les aligner sur le bord de la table. Puis, ayant repris sa place dans son fauteuil, il les observa avec une lueur de satisfaction dans le regard.

— Voilà les seuls souvenirs qui me restent de l'épisode du rituel des Musgrave.

A plusieurs reprises je l'avais entendu faire allusion à cette affaire, mais sans être jamais parvenu à en saisir les détails.

— J'aimerais bien que vous me le racontiez !
— En laissant tout ce désordre dans le même état ? demanda Holmes d'un air malicieux. Après tout, Watson, votre amour de l'ordre n'aura pas tellement à en souffrir. Mais je serais heureux si vous pouviez inclure cette affaire dans vos annales, car elle comporte des aspects qui font d'elle un cas exceptionnel dans l'histoire criminelle de notre pays, et même, pour autant que je sache, dans l'histoire criminelle internationale. Le récit de mes modestes exploits serait sûrement incomplet si cette singulière affaire s'en trouvait exclue.

— Vous vous rappelez peut-être comment l'affaire du *Gloria Scott* et ma conversation avec ce malheureux dont je vous avais conté les tribulations avaient dirigé mon attention vers la profession qui absorbe maintenant toute mon existence.

---

10. **trifling :** *insignifiant, sans conséquence.* A **trifle :** *une bagatelle.*
11. **achievement :** *un exploit* ▲ to **achieve** something : *réaliser une action* en sous-entendant qu'il s'agit d'un succès, d'un exploit.
12. **which :** a pour antécédent a **collection** etc.
13. **business** ou **affair** sont synonymes dans le contexte.
14. **fate :** *le sort, le destin.*
15. **to tell** (told, told) **of :** *parler de, narrer.*

You see me now when my name has become known far and wide[1], and when I am generally recognized both by the public and by the official force as being a final court of appeal in doubtful[2] cases. Even when you knew me first[3], at the time of the affair which you have commemorated in 'A Study in Scarlet', I had already established a considerable, though not a very lucrative, connection[4]. You can hardly realize, then, how difficult I found it at first, and how long I had to wait before I succeeded in[5] making any headway[6].

"When I first came up to[7] London I had rooms in Montague Street, just round the corner[8] from the British Museum, and there I waited, filling in my too abundant leisure time by studying all those branches of science which might make me more efficient. Now and again[9] cases came in my way, principally through the introduction of old fellow-students[10], for during my last years at the University there was a good deal of[11] talk there about myself and my methods. The third of these cases was that of the Musgrave Ritual, and it is to the interest which was aroused[12] by that singular chain of events, and the large issues which proved to be at stake[13], that I trace[14] my first stride[15] towards the position which I now hold.

"Reginald Musgrave had been in the same college as myself, and I had some slight[16] acquaintance with him. He was not generally popular among the undergraduates[17], though it always seemed to me that what was set down as[18] pride was really an attempt to cover extreme natural diffidence.

---

1. **far and wide :** litt. *loin et large*; c'est-à-dire *dans le monde entier, par monts et par vaux.*
2. **doubtful :** *douteux.* Doubtless : *indubitable.* **Undoubtedly :** *sans aucun doute.*
3. **first** (adverbe) : *pour la première fois.*
4. **connection :** *clientèle* (synonyme de **practice**).
5. **to succeed in doing sth :** *réussir, parvenir à faire qqch.*
6. **headway :** *progrès, avance.* Autres composés de **head** : headlight : *phare d'automobile* ; headline : *manchette sur une page de journal* ; headmaster(/mistress) : *directeur, directrice d'école* ; headquarter : quartier général.
7. **to come up to :** s'il ne s'agissait pas de Londres, on aurait seulement **to come to.** Up ajoute une notion de prééminence.
8. **round the corner :** litt. *au coin* (de la rue). Exprime la proximité immédiate.

Vous avez maintenant devant vous un homme devenu célèbre, un homme que le public et les autorités tiennent pour l'ultime recours quand il s'agit de résoudre les affaires ténébreuses. Même lorsque vous avez fait ma connaissance, au temps de l'épisode que vous avez commémoré dans *Étude en rouge*, je m'étais déjà créé une clientèle considérable, encore que peu lucrative. Il ne vous est donc guère possible de comprendre que j'ai connu des débuts difficiles et qu'il me fallut longtemps avant de réussir à percer.

Aux premiers temps de ma vie à Londres, je logeais dans Montague Street à deux pas du British Museum. En attendant j'y consacrais mes longues périodes de loisirs aux connaissances scientifiques susceptibles d'accroître mon efficacité. De temps à autre, sur la recommandation d'un ancien camarade de faculté, on me saisissait d'une affaire, car au cours de mes dernières années d'études à l'Université, mes méthodes et moi avions pas mal fait parler de nous. Le rituel des Musgrave fut la troisième de ces affaires et la curiosité suscitée par ce curieux concours de circonstances de même que l'importance des enjeux marquèrent les débuts de mon ascension.

Reginald Musgrave et moi étions membres du même collège universitaire et je le connaissais vaguement. Les autres étudiants ne l'aimaient pas beaucoup, mais il me semblait que ce que l'on prenait pour de l'orgueil chez lui n'était en réalité qu'une façon de masquer sa profonde timidité.

---

9. **now and again :** *de temps à autre* (litt. *maintenant et de nouveau*).
10. **fellow-student :** *camarade étudiant* (cf. a fellow-traveller : *un compagnon de voyage*; a fellow-man : *un semblable*; a fellow-member : *un membre du même club*).
11. **a good deal of :** litt. *une grande quantité de*.
12. **to be aroused :** *être éveillé, être suscité, provoqué*.
13. **at stake :** *en jeu* (stakes : *les enjeux*). *Le jeu* (distraction) : game. *Jouer :* to play.
14. **to trace :** non pas *tracer* (to draw, drew, drawn), mais *retrouver la trace*.
15. **a stride :** *une grande enjambée*.
16. **slight :** *faible, vague, léger, imperceptible*.
17. **the undergraduates :** *les étudiants* qui préparent la licence. The postgraduates : *les étudiants avancés*, après la licence.
18. **to set** (set, set) **down as :** *attribuer à, mettre au compte de*.

In appearance he was a man of an exceedingly aristocratic type, thin, high-nosed, and large-eyed, with languid and yet courtly manners[1]. He was indeed a scion[2] of one of the very oldest families in the kingdom, though his branch was a cadet one which had separated from the northern Musgraves some time in the sixteenth century, and had established itself in western Sussex, where the Manor House of Hurlstone is perhaps the oldest inhabited building in the county. Something of his birth place seemed to cling to[3] the man, and I never looked at his pale, keen face or the poise[4] of his head without associating him with gray archways and mullioned[5] windows and all the venerable wreckage[6] of a feudal keep[7]. Once or twice we drifted[8] into talk, and I can remember that more than once he expressed a keen interest in my methods of observation and inference.

"For four years I had seen nothing of him until one morning he walked into my room in Montague Street. He had changed little, was dressed like a young man of fashion — he was always a bit of[9] a dandy — and preserved the same quiet, suave manner which had formerly[10] distinguished him.

" 'How has all gone with you, Musgrave ?' I asked, after we had cordially shaken[11] hands.

" 'You probably heard of[12] my poor father's death,' said he ; 'he was carried off[13] about two years ago. Since then I have of course had the Hurlstone estates[14] to manage[15], and as I am member[16] for my district as well, my life has been a busy one.

---

1. **courtly manners :** *des façons, des manières courtoises* (au sens fort : qui rappellent celles de la cour royale).
2. **a scion :** *un rejeton* (en généalogie ou en arboriculture).
3. **to cling** (clung, clung) **to :** *s'accrocher à, coller à.*
4. **poise :** *l'équilibre, le maintien.*
5. **mullions :** *des meneaux.*
6. **wreckage :** *la ruine.* To wreck : *détruire, abîmer.* Shipwreck : *un naufrage.*
7. **a keep :** *un donjon.* ▲ A high dudgeon : *une vive indignation* (et non un haut donjon... !).
8. **to drift :** *dériver.* To drift into talk : *se laisser aller à converser, à bavarder.*
9. **a bit of :** litt. *un morceau de. Quelque peu, un tant soit peu.*
10. **formerly :** *précédemment* (the former ≠ the latter : *celui-là ≠ celui-ci*).

Il avait un type excessivement aristocratique, un nez mince et droit, de grands yeux et des gestes emplis d'une langoureuse distinction. Il était vraiment le rejeton de l'une des plus vieilles familles du royaume, bien qu'appartenant à une branche cadette, laquelle, issue des Musgrave du nord de l'Angleterre, s'en était séparée au seizième siècle pour s'établir dans l'ouest du Sussex où le manoir de Hurlstone est peut-être la plus ancienne demeure du comté. Il semblait porter en lui l'empreinte de son pays natal ; son port de tête ou la pâleur de ses traits délicats me faisaient toujours songer aux voûtes grises, aux fenêtres à meneaux et aux vénérables débris d'un donjon féodal. Dans les très rares occasions où il nous était arrivé de bavarder il avait exprimé un vif intérêt pour mes méthodes d'observation et de déduction.

Il y avait quatre ans que je l'avais perdu de vue quand un beau matin me l'amena dans Montague Street. Il n'avait pas beaucoup changé. Il était vêtu comme un jeune élégant (il avait toujours été plutôt dandy) et il avait conservé la suave discrétion qui le caractérisait.

« — Qu'êtes-vous devenu depuis tout ce temps, Musgrave ? » lui demandai-je, après que nous eûmes échangé une cordiale poignée de main.

« — Sans doute avez-vous appris la mort de mon pauvre père. Il a été emporté voici deux ans. Depuis, j'ai dû m'occuper du domaine de Hurlstone et comme je suis aussi député de ma circonscription, je mène une existence très active.

---

11. **to shake** (shook, shaken) : *secouer*. To shake hands with someone : *serrer la main de qqun*.
12. **to hear** (heard, heard) **of** : *apprendre par ouï-dire*. To hear from : *avoir des nouvelles directes* (de qqun).
13. **to be carried off** : *être emporté* (off suggère la soudaineté).
14. **estate** : *un bien foncier* ou encore *l'ensemble des biens*, meubles et immeubles. **An estate agent** : *un agent immobilier*.
15. **to manage** : *gérer*.
16. **member** : (sous-entendu **of Parliament**) : *député aux Communes* (élu au scrutin d'arrondissement). Abrégé : **M.P.**

But I understand, Holmes, that you are turning to practical ends those powers with which you used to amaze[1] us ?'

" 'Yes,' said I, 'I have taken to living by my wits[2].'

" 'I am delighted to hear it, for your advice at present would be exceedingly valuable to me. We have had some very strange doings[3] at Hurlstone, and the police have been able to throw no light upon the matter. It is really the most extraordinary and inexplicable business.'

"You can imagine with what eagerness[4] I listened to him, Watson, for the very chance[5] for which I had been panting[6] during all those months of inaction seemed to have come within my reach[7]. In my inmost[8] heart I believed that I could succeed where others failed, and now I had the opportunity[9] to test myself.

" 'Pray, let me have the details,' I cried.

"Reginald Musgrave sat down opposite to me, and lit the cigarette which I had pushed towards him.

" 'You must know,' said he, 'that though I am a bachelor[10], I have to keep up a considerable staff[11] of servants at Hurlstone, for it is a rambling[12] old place, and takes a good deal of looking after. I preserve, too, and in the pheasant months[13] I usually have a houseparty, so that it would not do to be short-handed[14]. Altogether there are eight maids, the cook, the butler, two footmen, and a boy. The garden and the stables[15] of course have a separate staff.

---

1. **to amaze :** *stupéfier.* A maze : *un labyrinthe.*
2. **to live by one's wits :** *vivre d'expédients.* Wit : *l'esprit.* A wit : *un bel esprit.* Witty : *spirituel.*
3. **doings :** *événements, faits et gestes.*
4. **eagerness :** *ardeur, intérêt.* To be eager to meet somebody : *avoir très envie de faire la connaissance de qqun.*
5. **chance :** *l'occasion* (syn. = **opportunity**) ▲ *la chance :* luck.
6. **to pant :** *haleter, être essoufflé.* Ici au sens figuré.
7. **to reach :** *atteindre.* Within one's reach : *à sa portée.* Out of reach : *hors d'atteinte.*
8. **inmost :** *le fond du fond, la partie la plus intime.*
9. **opportunity :** ▲ *une occasion.* Mais *une voiture d'occasion :* a second-hand car.
10. **bachelor :** *un célibataire.* A bachelor of arts : *un licencié ès lettres* (abr. B.A.).

24

Mais vous-même, Holmes, je crois savoir que vous mettez à profit les dispositions avec lesquelles vous aviez le don de nous étonner ?

« — Oui, j'ai résolu de vivre grâce à mon savoir-faire.

« — J'en suis ravi car j'aurais précisément le plus grand besoin de vos conseils. Il s'est passé à Hurlstone des choses fort étranges, au sujet desquelles la police a été incapable d'apporter le moindre éclaircissement. C'est vraiment la plus extraordinaire et la plus inexplicable affaire ! »

Vous pouvez imaginer, Watson, avec quelle avidité je l'écoutais, car l'opportunité que je désirais depuis de si longs mois d'inaction semblait enfin se présenter. J'avais l'intime certitude de pouvoir réussir là où d'autres avaient échoué et l'occasion de me mettre à l'épreuve.

« — Veuillez me donner les détails », m'écriai-je.

Reginald Musgrave prit place en face de moi et alluma la cigarette que je lui avais tendue.

« — Vous devez savoir », dit-il, « que malgré mon état de célibataire, je suis obligé d'employer à Hurlstone une nombreuse domesticité, car c'est une vieille demeure pleine de coins et de recoins et qui nécessite beaucoup d'entretien. J'ai également une réserve de gibier et d'habitude, à la saison du faisan, je reçois des amis et je ne saurais me permettre d'être à court de personnel. Au total il y a huit bonnes, la cuisinière, le maître d'hôtel, deux valets de chambre et un garçon de courses. Bien entendu le jardin et les écuries ont leur personnel particulier.

---

11. **staff :** a) *le personnel* b) *les membres de l'état-major* c) *un bâton* (syn. **stick**).
12. **to ramble :** *errer, vagabonder, délirer, aller à vau-l'eau.*
13. **the pheasant months :** *l'époque où l'on chasse le faisan.*
14. **short-handed :** *à court de main-d'œuvre.* **To give (gave, given) a hand :** *donner un coup de main, aider.*
15. **stables :** *les écuries.* **A stable-boy :** *un palefrenier, un valet d'écurie.* *L'étable :* **the cow-shed** (litt. *la remise à vache*).

" 'Of these servants the one who had been longest in our service was Brunton the butler. He was a young schoolmaster out of place[1] when he was first taken up by my father, but he was a man of great energy and character, and he soon became quite invaluable[2] in the household. He was a well-grown[3], handsome[4] man, with a splendid forehead, and though he has been with us for twenty years he cannot be more than forty now. With his personal advantages and his extraordinary gifts[5] — for he can speak several languages and play nearly[6] every musical instrument — it is wonderful that he should have been satisfied so long in such a position, but I suppose that he was comfortable[7], and lacked[8] energy to make any change. The butler of Hurlstone is always a thing that is remembered by all who visit us.

" 'But this paragon has one fault. He is a bit of a Don Juan, and you can imagine that for a man like him it is not a very difficult part[9] to play in a quiet country district. When he was married it was all right, but since he has been a widower[10] we have had no end of[11] trouble with him. A few months ago we were in hopes that he was about to settle down[12] again for he became engaged to[13] Rachel Howells, our second house-maid; but he has thrown her over[14] since then and taken up[15] with Janet Tregellis, the daughter of the head game-keeper[16]. Rachel — who is a very good girl, but of an excitable Welsh temperament — had a sharp touch[17] of brain-fever, and goes about the house now — or did until yesterday — like a black-eyed[18] shadow of her former self[19].

---

1. **out of place** : sens général : *déplacé* ou *hors de propos*. Mais, ici, sens particulier : *temporairement sans emploi* (sans place). *Une personne déplacée :* a displaced person.
2. **invaluable** : *précieux, inestimable.* Valuables ou valuable goods : *les objets précieux. Sans valeur :* valueless.
3. **well-grown** : litt. *bien poussé.* To grow (grew, grown) : *pousser, croître.* Growth : *la croissance.*
4. **handsome** : *beau, admirable.* On n'emploie pas l'épithète beautiful pour évoquer la beauté masculine.
5. **gift** : *don, cadeau* (to give, gave, given : donner). Gifted : *doué.*
6. **nearly** : *presque* (syn. : **almost**).
7. **comfortable** : *confortable* ou (comme ici) *aisé.*
8. **to lack** (transitif) : *être dénué de* (cf. *lacune*).
9. **a part** : *un rôle.* ▲ A roll : *un rouleau.*

» De tous ces serviteurs le plus ancien était Brunton, le maître d'hôtel. A l'époque où mon père l'avait engagé c'était un jeune instituteur sans emploi. Mais, doué de beaucoup d'énergie et de personnalité, il était bientôt devenu irremplaçable. C'était un bel homme, bien bâti, avec un front superbe et, bien qu'il soit depuis vingt ans à notre service, il ne doit guère avoir plus de quarante ans aujourd'hui. Avec sa prestance et ses talents extraordinaires (car il connaît plusieurs langues et sait jouer de presque tous les instruments de musique), on se demande comment il a pu si longtemps se contenter de la situation qu'il occupe ; mais je présume qu'il avait une fortune suffisante et qu'il ne se sentait pas le courage de changer de situation. Le maître d'hôtel de Hurlstone est un personnage dont se souviennent tous nos visiteurs. Mais cette perle rare possède un seul défaut. Il joue un peu les don Juan et vous pouvez imaginer que dans un coin tranquille ce n'est pas un rôle très difficile pour un homme tel que lui. Tout allait bien du temps où il était marié, mais depuis qu'il est veuf il n'a pas cessé de nous attirer des ennuis. Il y a quelques mois on espérait qu'il allait se remarier car il s'était fiancé avec notre deuxième femme de chambre, Rachel Howells. Mais depuis, il l'a quittée pour la fille du chef des gardes-chasse, Janet Tregellis. Rachel, qui est une très gentille fille mais qui possède la nature excitable des Galloises, souffrit d'un accès de fièvre cérébrale et depuis elle n'est plus — ou jusqu'à hier n'était plus — que l'ombre d'elle-même.

---

10. **widower :** *un veuf.* Widow : *une veuve.*
11. **no end of :** litt. *pas de fin de,* c.-à-d. *une quantité de, une suite interminable* (toujours à propos d'ennuis ou de difficultés).
12. **to settle down :** *se stabiliser, s'établir, se caser.*
13. **to be engaged to :** *être fiancé à* (sous-entendu : engaged to be married). Engagement : *les fiançailles.*
14. **to throw** (threw, thrown) **someone over :** *se débarrasser de, rompre avec quelqu'un.*
15. **to take** (took, taken) **up (with someone) :** *commencer une liaison, s'éprendre de.*
16. **game-keeper :** *garde-chasse.* Game (invar.) : a) *le gibier* b) *le jeu, la partie.* To keep (kept, kept) : *garder, conserver.* The goal-keeper : *le gardien de but.* The inn-keeper : *l'aubergiste.*
17. **a touch of fever :** *un accès de fièvre.*
18. **black-eyed :** *aux yeux noirs* (c.-à-d. qu'elle avait tellement maigri que l'on « ne voyait plus que ses yeux dans sa figure »).
19. **former :** *précédent, antérieur.* **Self :** *la personne, la personnalité, l'identité, le « soi ».*

That was our first drama at Hurlstone ; but a second one came to drive it from[1] our minds, and it was prefaced by the disgrace and dismissal[2] of butler Brunton.

" 'This was how it came about[3]. I have said that the man was intelligent, and this very intelligence has caused his ruin, for it seems to have led to an insatiable curiosity about things which did not in the least concern him. I had no idea of the lengths[4] to which this would carry him, until the merest[5] accident opened my eyes to it.

" 'I have said that the house is a rambling[6] one. One day last week — on Thursday night, to be more exact — I found that I could not sleep, having foolishly[7] taken a cup of strong *café noir* after my dinner. After struggling against it until two[8] in the morning, I felt that it was quite hopeless[9], so I rose and lit the candle with the intention of continuing a novel[10] which I was reading. The book, however, had been left in the billiard-room, so I pulled on my dressing-gown[11] and started off to get it.

" 'In order to reach the billiard-room I had to descend a flight of stairs[12] and then to cross the head of a passage which led to the library and the gun-room[13]. You can imagine my surprise when, as I looked down this corridor, I saw a glimmer[14] of light coming from the open door of the library[15]. I had myself extinguished the lamp and closed the door before coming to bed. Naturally my first thought was of[16] burglars. The corridors at Hurlstone have their walls largely decorated with trophies of old weapons.

---

1. **to drive** (drove, driven) **from** : *écarter de*.
2. **dismissal** : *le renvoi*. To dismiss : *renvoyer*. ▲ *La démission :* resignation. *Démissionner :* to resign.
3. **to come** (came, come) **about** : *se produire, survenir*.
4. **the lengths** : litt. *les longueurs*. C'est-à-dire *les extrémités* (auxquelles on est réduit).
5. **mere** : *simple* (a mere coincidence : *une simple coïncidence*).
6. **rambling** : litt. *qui va dans n'importe quel sens, au hasard*.
7. **foolishly** : *étourdiment, sans réfléchir*.
8. **until two** : *jusqu'à deux heures* (sous-entendu « o'clock »). Until équivaut à *jusque* dans les expressions de temps. Lorsqu'il s'agit de distance, employer **to**.
9. **hopeless** : litt. *sans espoir* (sous-entendu « de réussir, d'aboutir »).

Ce fut notre première tragédie à Hurlstone, avant d'être éclipsée par une seconde tragédie, laquelle eut pour prélude le renvoi de maître Brunton pour cause d'inconduite.

» Voici ce qui se produisit : j'ai dit que c'est un homme intelligent et cette intelligence lui a été fatale car elle a développé chez lui une insatiable curiosité vis-à-vis de choses qui ne le regardent absolument pas. J'étais loin de me douter de quoi il était capable et c'est au plus grand des hasards que je dois de m'avoir ouvert les yeux.

» J'ai dit que la maison était pleine de coins et de recoins. Une nuit de la semaine dernière, la nuit de jeudi à vendredi pour être exact, je ne pouvais pas m'endormir en raison d'une tasse de fort café noir que j'avais prise après dîner. Je me retournai dans mon lit jusqu'à deux heures du matin et, désespérant de trouver le sommeil, je me levai pour allumer une bougie avec l'intention de poursuivre la lecture d'un roman que j'avais commencé. Mais j'avais laissé le livre dans la salle de billard. J'enfilai ma robe de chambre et descendis le chercher.

» Pour gagner la salle de billard je devais descendre un escalier, puis traverser un couloir qui menait à la bibliothèque et à l'armurerie. Imaginez ma surprise quand, jetant un coup d'œil dans le couloir, je vis de la lumière filtrer à travers la porte entrouverte de la bibliothèque. J'avais moi-même éteint la lampe et fermé la porte avant de monter me coucher. Naturellement je pensai d'abord à des cambrioleurs. Les couloirs à Hurlstone ont leurs murs abondamment décorés de trophées et de vieilles panoplies.

---

10. **a novel :** *un roman.* ▲ *Une nouvelle* (littéraire) : **a short story.**
11. **dressing-gown :** *une robe de chambre.*
12. **flight of stairs :** litt. *une volée d'escalier.*
13. **gun-room :** litt. *la salle des fusils, des armes à feu.*
14. **glimmer :** *une lumière faible et vacillante.* Cf. **glitter** : *un faible reflet* (métal, verre) ; **glistening** (de to glisten) : *reflet humide* (larmes, flaque d'eau) ; **glow** : *feu presque éteint* (glow-worm : *ver luisant*).
15. **library :** *une bibliothèque.* ▲ *Librairie :* **bookshop.**
16. **my first thought was of :** litt. *ma première pensée fut de.*

From one of these I picked a battle-axe, and then, leaving my candle behind me, I crept[1] on tiptoe[2] down the passage and peeped in[3] at the open door.

" 'Brunton, the butler, was in the library. He was sitting, fully dressed, in an easy-chair, with a slip of paper[4] which looked like a map upon his knee, and his forehead sunk forward upon his hand in deep thought. I stood dumb with astonishment, watching him from the darkness. A small taper[5] on the edge of the table shed a feeble[6] light which sufficed[7] to show me that he was fully dressed. Suddenly, as I looked, he rose from his chair, and walking over to a bureau at the side, he unlocked it and drew out one of the drawers. From this he took a paper, and returning to his seat he flattened it out[8] beside the taper on the edge of the table, and began to study it with minute[9] attention. My indignation at this calm examination of our family documents overcame me so far[10] that I took a step forward, and Brunton, looking up, saw me standing in the doorway[11]. He sprang to his feet[12], his face turned livid with fear, and he thrust[13] into his breast the chart-like paper[14] which he had been originally studying.

" ' "So !" said I. "This is how you repay the trust which we have reposed in you. You will leave my service to-morrow."

" 'He bowed[15] with the look of a man who is utterly crushed[16], and slunk[17] past me without a word. The taper was still on the table, and by its light I glanced to see what the paper was which Brunton had taken from the bureau.

---

1. **to creep** (crept, crept) : *ramper, se glisser furtivement.* Creeper : *une plante grimpante.*
2. **on tiptoe :** *sur la pointe des pieds* (litt. : **on the tip of one's toes**).
3. **to peep :** *épier, regarder à la dérobée.* **A peeping Tom :** *un voyeur* (de la légende du tailleur de Coventry et de Lady Godiva).
4. **a slip of paper :** *une note, un feuillet.*
5. **a taper :** *une longue bougie, un cierge. Une bougie* (chandelle) : **a candle.** *Une bougie d'automobile :* **a sparkling plug.**
6. **feeble :** syn. de **weak** ou de **light.** Autre sens : *dérisoire, méprisable.*
7. **to suffice :** *suffir.* Mais dans un style moins apprêté on dirait plutôt **a feeble light which was enough.**

Je décrochai une hache d'armes, posai ma bougie et m'aventurai sur la pointe des pieds dans le couloir pour glisser un œil dans la bibliothèque.

» Brunton, le maître d'hôtel, s'y trouvait. Il était tout habillé, assis dans une bergère, avec sur les genoux une feuille de papier qui ressemblait à une carte, et il soutenait son front d'une main, abîmé dans de profondes réflexions. Muet d'étonnement, je demeurai immobile dans l'obscurité pour l'observer. Une petite chandelle au bord de la table répandait une faible lumière ; elle me suffit pour constater qu'il était tout habillé. Tout à coup je le vis se lever, se diriger vers un petit bureau à l'écart, l'ouvrir et tirer l'un des tiroirs. Il en prit un papier, vint se rasseoir, étala le papier sur le bord de la table, près de la chandelle, et se mit en devoir de l'examiner minutieusement. Devant cette calme inspection de nos papiers de famille, mon indignation me poussa à avancer. Brunton me vit debout sur le seuil. Il se leva précipitamment, blanc de frayeur, et enfouit contre sa poitrine l'espèce de carte qu'il était précédemment en train d'étudier.

» — Eh bien ! m'exclamai-je, c'est ainsi que vous payez de retour la confiance que nous vous avons toujours témoignée ? Considérez-vous comme congédié dès demain !

» Il s'inclina. Il avait l'air complètement effondré et passa furtivement à côté de moi sans prononcer un mot. La chandelle était restée sur la table ; elle me permit de voir quel document Brunton avait pris dans le secrétaire.

---

8. **to flatten out :** *étaler* (out) en aplanissant (to flatten). **Flat** (adj.) : *plat*.
9. **minute** (adj.) : a) *méticuleux, précis* b) *minuscule*.
10. **to overcome** (overcame, overcome) : *subjuguer, étourdir, bouleverser.* **So far :** litt. *si loin (donc, à un tel point)*.
11. **doorway :** *le passage, le seuil de la porte*.
12. **to spring** (sprang, sprung) **to one's feet :** litt. *sauter sur ses pieds (donc, bondir, se lever en vitesse)*. **A spring :** *un ressort.* **A well-sprung mattress :** *un matelas bien rembourré*.
13. **to thrust** (thrust, thrust) : *porter un coup brutal ou exécuter un brusque mouvement*. ⚠ Ne pas confondre avec **to trust** : *confier* ou *avoir confiance*.
14. **paper :** *un papier* ou *un document*.
15. **to bow** ['bau] : *saluer, s'incliner.* **To bow :** *s'incliner, saluer avec ostentation*. Mais ⚠ **bow** [bou] : *un arc.* **Rainbow :** *arc-en-ciel*.
16. **to crush :** *écraser* ou *anéantir*.
17. **to slink** (slunk, slunk) : *se défiler, filer la tête basse*.

To my surprise it was nothing of any importance at all, but simply a copy of the questions and answers in the singular old observance[1] called the Musgrave Ritual. It is a sort of ceremony peculiar to our family, which each Musgrave for centuries past has gone through on his coming of age[2] — a thing of private interest, and perhaps of some little importance to the archæologist, like our own blazonings and charges, but of no practical use whatever[3].'

" 'We had better come back to the paper afterwards,' said I.

" 'If you think it really necessary,' he answered, with some hesitation. 'To continue my statement[4], however : I relocked the bureau, using the key which Brunton had left, and I had turned to go[5] when I was surprised to find that the butler had returned, and was standing before me.

" ' "Mr. Musgrave, sir[6]," he cried, in a voice which was hoarse[7] with emotion, "I can't bear disgrace[8], sir. I've always been proud above my station[9] in life, and disgrace would kill me. My blood will be on your head, sir — it will, indeed — if you drive me to despair[10]. If you cannot keep me after what has passed, then for God's sake[11] let me give you notice and leave in a month, as if of my own free will. I could stand that, Mr. Musgrave, but not to be cast out[12] before all the folk[13] that I know so well."

" ' "You don't deserve much consideration, Brunton," I answered. "Your conduct has been most infamous. However, as you have been a long time in the family, I have no wish to bring public disgrace upon you.

---

1. **observance :** *une observance, un rite, une tradition religieuse.* ∆ *Une observation* (remontrance) : a **remark**, a **reproach**.
2. **to come** (came, come) **of age :** *atteindre sa majorité.*
3. **whatever :** *quoi qu'il en soit, quelles que soient les circonstances* (adverbe de manière). Autres composés avec **ever** : **wherever :** *où que ce soit ;* **whoever :** *qui que ce soit ;* **whenever :** *à quelque moment que ce soit, chaque fois que.*
4. **statement :** *une déclaration, une déposition, une relation* (plus formel que **narrative** ou que **story**).
5. **to turn to go :** litt. *se retourner pour partir.*
6. **Mr. Musgrave, sir :** sir est une forme plus déférente que Mr. Musgrave. La succession des deux termes marque le trouble de Brunton.

Je fus surpris en constatant qu'il ne s'agissait d'aucun papier d'importance, mais seulement d'un exemplaire des questions et des réponses contenues dans notre vieille règle peu banale qui s'appelle le rituel des Musgrave. C'est une sorte de cérémonie particulière à notre famille, à laquelle depuis plusieurs siècles chaque Musgrave s'est conformé à sa majorité : un document d'intérêt purement privé, qui pourrait peut-être intéresser un archéologue au même titre que nos blasons et nos prescriptions, mais dont l'utilité m'échappe complètement.

« — Nous ferions mieux de garder ce papier pour la suite », dis-je. « Nous y reviendrons.

« — Si réellement vous croyez que c'est nécessaire ! » répondit Musgrave après une brève hésitation.

» Pour continuer mon récit, donc, je refermai le bureau avec la clé dont Brunton s'était servi ; je m'apprêtais à regagner ma chambre quand je vis avec surprise que le maître d'hôtel était revenu et se tenait devant moi.

» — Monsieur Musgrave », s'écria-t-il d'une voix enrouée par l'émotion, « je ne peux pas supporter le déshonneur, Monsieur ! J'ai toujours eu une fierté au-dessus de ma situation et le déshonneur me tuerait. Oui, Monsieur, en vérité, mon sang retombera sur votre tête si vous me poussez au désespoir. Si vous ne pouvez pas me garder après ce qui vient de se passer, laissez-moi, pour l'amour de Dieu, donner ma démission et partir dans un mois comme si c'était de mon plein gré. Cela je puis le supporter, Monsieur Musgrave, mais pas d'être jeté hors d'ici devant tous ces gens que je connais si bien.

» — Vous ne méritez pas beaucoup d'égards, Brunton », répondis-je. « Votre conduite est parfaitement honteuse. Toutefois, puisque vous êtes depuis longtemps dans ma famille, je ne souhaite pas vous attirer la réprobation publique.

---

7. **hoarse :** *enroué.* ▲ **Horse :** *un cheval.*
8. **disgrace :** *la honte, le déshonneur.* ▲ *Tomber en disgrâce :* to fall (fell, fallen) into disfavour.
9. **above my station :** *au-dessus de ma condition sociale.*
10. **to drive** (drove, driven) **someone to** (ou **into**) **despair :** *réduire qqun au désespoir.*
11. **for God's sake :** *pour l'amour de Dieu. Je l'ai fait pour lui* (= *dans son intérêt, ou pour lui faire plaisir*) : I did it for his sake. *Faites-le pour moi :* please do it for my sake.
12. **to cast** (cast, cast) **out :** *rejeter, bannir.* An outcast : *un banni, un paria.*
13. **the folk :** *les gens* (terme plus familier que **people**). My folk : *les miens, les gens de ma famille, de mon milieu.*

A month, however, is too long. Take yourself away[1] in a week, and give what reason you like for going."

" ' "Only a week, sir ?" he cried, in a despairing voice. "A fortnight — say at least a fortnight !"

" ' "A week," I repeated, "and you may consider yourself to have been very leniently[2] dealt with[3]."

" 'He crept away, his face sunk upon his breast, like a broken man, while I put out the light[4] and returned to my room.

" 'For two days after this Brunton was most assiduous in his attention[5] to his duties. I made no allusion to what had passed, and waited with some curiosity to see how he would cover his disgrace. On the third morning, however, he did not appear, as was his custom[6], after breakfast to receive my instructions for the day. As I left the dining-room I happened to[7] meet Rachel Howells, the maid. I have told you that she had only recently recovered from an illness, and was looking so wretchedly[8] pale and wan[9] that I remonstrated with her[10] for being at work.

" ' "You should be in bed," I said. "Come back to your duties when you are stronger."

" 'She looked at me with so strange an expression that I began to suspect that her brain was affected.

" ' "I am strong enough, Mr. Musgrave," said she.

" ' "We will see what the doctor says," I answered. "You must stop work now, and when you go downstairs just say that[11] I wish to see Brunton."

" ' "The butler is gone," said she.

" ' "Gone ! Gone where ?"

---

1. **to take** (took, taken) **oneself away** : *disparaître, s'éloigner, s'éclipser.*
2. **lenient** : *indulgent, peu sévère.*
3. **to deal** (dealt, dealt) **with** : *traiter, avoir affaire avec* (qqun). **A deal** : *un arrangement, un accord.* Autre sens de to deal : *distribuer* (des parts, des cartes à jouer, etc.).
4. **to put** (put, put) **out a light** : *éteindre une lumière.* ≠ To put on. Mais to put away : *ranger* ; to put off : *remettre* (à une date ultérieure), *dissuader* (qqun) ; to put forward : *avancer* (un argument).
5. **attention** : *attention*, mais aussi *vigilance*. Attention ! (militaire) : *Garde-à-vous !*
6. **as was his custom** : litt. *comme était sa coutume.* Autre formule possible : as he used to.

Mais un mois, c'est excessif. Partez dans huit jours et expliquez votre départ comme bon vous semblera.

» — Seulement huit jours, Monsieur ? » s'écria-t-il. « Quinze, Monsieur ! Donnez-moi au moins quinze jours !

» — Huit jours. Et vous pouvez vous estimer heureux comme cela.

» Il se défila, tête basse, tandis que j'éteignais la lumière et que je remontais dans ma chambre.

» Au cours des deux journées qui suivirent Brunton fit preuve d'un zèle très assidu. J'évitai la moindre allusion à ce qui s'était passé, attendant, non sans curiosité, de voir comment il allait camoufler son renvoi. Cependant, le matin du troisième jour il ne se montra pas après le petit déjeuner, comme il le faisait d'habitude afin de recevoir mes instructions pour la journée. En quittant la salle à manger je tombai sur Rachel Howells, la femme de chambre. Je vous ai dit qu'elle relevait de maladie : elle me parut si misérablement pâle et blafarde que je lui reprochai d'avoir pris son travail.

» — Vous devriez être au lit », lui dis-je. « Vous reprendrez votre service quand vous serez plus forte.

» Elle me regarda avec une expression si bizarre que je me demandai si son cerveau n'était pas dérangé.

» — Je suis assez forte, Monsieur Musgrave !

» — Nous verrons ce qu'en pense le médecin. D'ici là cessez votre travail. Quand vous descendrez, dites simplement que je voudrais voir Brunton.

» — Le maître d'hôtel est parti », me répondit-elle.

» — Parti ! Parti où ?

---

7. **to happen to :** *faire qqch. par hasard.* Ex. : **we happened to find him at home** : *le hasard a fait que nous l'avons trouvé chez lui.*
8. **a wretch :** *un misérable.* **I can't find this wretched key** : *je n'arrive pas à trouver cette fichue clé.*
9. **wan :** *d'une pâleur diaphane.*
10. **to remonstrate with somebody :** *adresser des reproches* (des remontrances) *à qqun.*
11. **just say that :** *dites seulement que.* Autres emplois de just : **just a minute, please** : *un moment s.v.p.* **I have just arrived** : *j'arrive à l'instant.*

" ' "He is gone. No one[1] has seen him. He is not in his room. Oh, yes, he is gone, he is gone !" She fell back[2] against the wall with shriek after shriek[3] of laughter, while I, horrified at this sudden hysterical attack, rushed to the bell to summon[4] help. The girl was taken to her room[5], still screaming and sobbing[6], while I made inquiries about Brunton. There was no doubt about it that he had disappeared. His bed had not been slept in[7], he had been seen by no one since he had retired to his room the night before, and yet it was difficult to see how he could have left the house, as both windows and doors were found to be fastened[8] in the morning. His clothes, his watch, and even his money were in his room, but the black suit which he usually wore was missing. His slippers[9], too, were gone, but his boots[10] were left behind. Where then could butler Brunton[11] have gone in the night, and what could have become of him now ?

" 'Of course we searched[12] the house from cellar to garret[13], but there was no trace of him. It is, as I have said, a labyrinth of an old house[14], especially the original wing, which is now practically uninhabited ; but we ransacked[15] every room and cellar without discovering the least sign of the missing man. It was incredible to me that he could have gone away leaving all his property[16] behind him, and yet where could he be ? I called in the local police, but without success. Rain had fallen on the night before, and we examined the lawn and the paths all round the house, but in vain. Matters were in this state, when a new development quite drew our attention away from the original mystery.

---

1. **no one** = **nobody**.
2. **to fall** (fell, fallen) **back** : *retomber*.
3. **a shriek** : *un cri, un hurlement*. **To shriek** : *pousser des hurlements, émettre un son strident*.
4. **to summon** : *convoquer, faire comparaître, adresser une sommation*.
5. **to take** (took, taken) **somebody somewhere** : *emmener qqun quelque part* (de gré ou de force).
6. **to sob** : *sangloter*.
7. **had not been slept in** : litt. *n'avait pas été couché dedans*. L'anglais use fréquemment de cette tournure passive. Ex. you are not being spoken to : *on ne vous parle pas* (ou : *ce n'est pas à vous que l'on s'adresse*).

» — Il est parti. Personne ne l'a vu. Il n'est pas dans sa chambre. Oh ! oui, il est parti... Parti !

» Elle tomba en arrière contre le mur en éclatant d'un rire saccadé. Épouvanté par cette soudaine crise d'hystérie, je me précipitai vers la sonnette pour réclamer du secours. On transporta la femme de chambre chez elle ; elle continuait de crier et de sangloter. Quant à moi, je me mis en quête de Brunton. Sa disparition ne faisait aucun doute. Il n'avait pas dormi dans son lit. Personne ne l'avait vu depuis que la veille au soir il avait regagné sa chambre. Pourtant il était difficile d'expliquer comment il avait pu quitter la maison car au matin on avait trouvé portes et fenêtres verrouillées et barrées de l'intérieur. Ses vêtements, sa montre et même son argent étaient restés dans sa chambre : seul manquait le costume noir qu'il portait dans son service. Ses pantoufles aussi avaient disparu, mais ses chaussures étaient restées là. Où donc Brunton s'était-il rendu cette nuit-là et qu'était-il advenu de lui ?

» Naturellement nous fouillâmes la maison de la cave au grenier, sans trouver la moindre trace du disparu. Je vous l'ai dit : cette vieille maison est un labyrinthe, surtout l'aile ancienne, qui est maintenant pratiquement inhabitée. Mais nous inspectâmes chaque pièce, le moindre cellier sans découvrir d'indice. Je ne pouvais pas croire qu'il était parti en abandonnant tout ce qui lui appartenait. Pourtant, où était-il ? J'appelai la police locale ; en vain. Il avait plu pendant la nuit. Nous examinâmes la pelouse, les allées tout autour de la maison ; inutilement. Nous en étions là quand un nouvel épisode détourna complètement notre attention de cette première énigme.

---

8. **were found to be fastened :** même tournure impersonnelle *(on les avait trouvées bouclées).*
9. **slippers :** *des pantoufles.*
10. **boots :** *des bottes* ou *des chaussures* (syn. **shoes**).
11. **butler Brunton :** le terme **butler**, qui désigne la fonction, est traité ici comme un grade ou comme un titre (cf. **Major X** ou **Count Z**).
12. **to search :** *fouiller. Chercher :* to **seek** (sought, sought).
13. **garret :** *une mansarde.*
14. **a labyrinth of an old house.** La forme a... of a est généralement associée à une idée de confusion ou de difficulté (cf. a hell of a mess [fam.] : *un fichu pétrin*).
15. **to ransack :** *piller.* Cf. *mettre à sac.*
16. **all his property :** *tous ses biens, tout ce qui lui appartenait.* Property est un singulier ayant valeur de collectif.

" 'For two days Rachel Howells had been so ill, sometimes delirious, sometimes hysterical, that a nurse had been employed to sit up[1] with her at night. On the third night after Brunton's disappearance, the nurse, finding her patient slepping nicely[2], had dropped into a nap[3] in the arm-chair, when she woke in the early morning to find the bed empty, the window open, and no signs of the invalid[4]. I was instantly aroused, and, with the two footmen, started off at once[5] in search of the missing girl. It was not difficult to tell the direction which she had taken, for, starting from under her window, we could follow her footmarks[6] easily across the lawn to the edge of the mere[7], where they vanished close to the gravel path which leads out of the grounds. The lake there is eight feet deep, and you can imagine our feelings when we saw that the trail[8] of the poor demented girl came to an end at the edge of it.

" 'Of course, we had the drags[9] at once, and set to work to recover the remains[10], but no trace of the body could we find. On the other hand, we brought to the surface an object of a most unexpected kind[11]. It was a linen bag which contained within it a mass of old rusted[12] and discolored metal and several dull-colored pieces of pebble[13] or glass. This strange find[14] was all that we could get from the mere, and, although we made every possible search and inquiry yesterday, we know nothing of the fate either of Rachel Howells or of Richard Brunton. The county police are at their wits' end[15], and I have come up to you as a last resource.'

---

1. **to sit** (sat, sat) **up** : *ne pas aller se coucher, veiller.* Autre sens : *se redresser, se tenir droit* (à un enfant à table : please sit up nicely : *tiens-toi bien, correctement*).
2. **nicely** : *avec gentillesse*, c'est-à-dire *convenablement, bien, comme il faut.*
3. **a nap** : *un petit somme.* ▲ *Une nappe :* a table cloth.
4. **an invalid** : *un (une) infirme, un (une) malade chronique.*
5. **at once** : *tout de suite, sur-le-champ.*
6. **footmarks** : *des empreintes de pas.* Mais *des empreintes digitales :* fingerprints.
7. **the mere** : synonyme de lake, *le lac.* Terme du nord de l'Angleterre que l'on trouve en suffixe dans le nom des lacs du Lake district (Grassmere, Windermere).
8. **trail** : *un sentier, une piste* ou *la trace d'un passage.*
9. **drag** : *une herse, un grappin.*

» Pendant deux jours Rachel Howells fut si mal en point, tantôt délirante, tantôt hystérique, qu'une infirmière avait été mandée pour la veiller la nuit. La troisième nuit après la disparition de Brunton, l'infirmière constata que sa malade dormait paisiblement et elle se laissa aller à un petit somme dans son fauteuil. Quand elle se réveilla, tôt le lendemain matin, elle trouva le lit vide, la fenêtre ouverte et aucune trace de la malade. On m'avertit immédiatement et avec deux valets je me mis sans perdre un instant à la recherche de la jeune fille. Nous n'eûmes pas de mal à repérer la direction qu'elle avait prise. En effet, au bas de la fenêtre nous trouvâmes l'empreinte de ses pas. Nous les suivîmes facilement à travers la pelouse jusqu'au bord de l'étang. Là elles disparaissaient, tout près du sentier de gravier qui conduit hors du domaine. A cet endroit l'étang a une profondeur de huit pieds. Vous pouvez imaginer ce que nous avons ressenti en constatant que les traces de la malheureuse s'arrêtaient au bord de l'eau.

» Bien entendu nous fîmes tout de suite draguer l'étang, mais le corps demeura introuvable. En revanche, nous ramenâmes à la surface un objet tout à fait imprévu. C'était un sac de toile qui contenait de vieux métaux rouillés, décolorés, et plusieurs galets ou des morceaux de verre dépoli. Voilà ce que nous retirâmes de l'étang. Et malgré toutes nos recherches d'hier nous ignorons tout du sort de Rachel Howells et de Richard Brunton. La police du comté y perd son latin et je suis venu vous trouver car vous êtes mon ultime ressource. »

---

10. **remains :** *les restes* (d'un corps, d'un cadavre). *Le reste* (d'une opération arithmétique) : **the remainder**. *Les restes* (ce qui n'a pas été utilisé) : **what is left (to leave, left, left) over**.
11. **a most unexpected kind :** litt. *une espèce des plus inattendues.*
12. **rusted** (ou rusty) : *rouillé.* To rust : *rouiller.* Rust : *la rouille.*
13. **pebble :** *galet* ou *gravier.*
14. **a find :** *une découverte inattendue.*
15. **to be at one's wits' end :** *être à court d'imagination, donner sa langue au chat.* Wit : *l'esprit* (d'imagination ou de repartie).

"You can imagine, Watson, with what eagerness[1] I listened to this extraordinary sequence of events, and endeavored to piece them together[2], and to devise[3] some common thread[4] upon which they might all hang. The butler was gone. The maid was gone. The maid had loved the butler, but had afterwards had cause to hate him. She was of Welsh blood, fiery and passionate. She had been terribly excited immediately after his disappearance. She had flung[5] into the lake a bag containing some curious contents[6]. These were all factors which had to be taken into consideration, and yet none of them got quite to the heart of the matter[7]. What was the starting-point of this chain of events ? There lay the end of this tangled[8] line.

" 'I must see that paper, Musgrave,' said I, 'which this butler of yours[9] thought it worth his while[10] to consult, even at the risk of the loss of his place.'

" 'It is rather an absurd business, this ritual of ours,' he answered. 'But it has at least the saving grace[11] of antiquity to excuse it. I have a copy of the questions and answers here if you care to run your eye over them.'

"He handed me the very paper which I have here, Watson, and this is the strange catechism to which each Musgrave had to submit when he came to man's estate[12]. I will read you the questions and answers as they stand.

" 'Whose[13] was it ?'

" 'His[14] who is gone.'

" 'Who shall[15] have it ?'

" 'He who[16] will come.'

---

1. **eagerness :** *avidité, ardeur.*
2. **to piece together :** *assembler, reconstituer.*
3. **to devise :** *inventer, trouver.* A device : *un procédé.* ▲ *Une devise :* a motto.
4. **thread :** *le fil* (à coudre). *Fil métallique :* wire.
5. **to fling** (flung, flung) : *jeter d'un geste brusque et impulsif.*
6. **contents :** *le contenu.* The table of contents : *la table des matières.*
7. **the heart of the matter :** litt. *le cœur de l'affaire.*
8. **tangled :** *emmêlé, embrouillé.* To disentangle : *démêler, débrouiller.*
9. **this butler of yours :** *votre maître d'hôtel.* Noter les formes pronominales of mine, of his, of hers, of ours, of yours, of theirs. Ex. a book of mine : *un livre à moi.*

Vous devinez, n'est-ce pas, Watson, avec quelle attention j'écoutais cette suite extraordinaire d'événements, essayant de les coordonner, de saisir le fil auquel tous pourraient se raccrocher. Le maître d'hôtel était parti. La femme de chambre était partie. La femme de chambre avait aimé le maître d'hôtel mais elle avait eu ensuite un motif de le haïr. Elle était de sang gallois, farouche et ardent. Elle s'était montrée terriblement exaltée tout de suite après sa disparition. Elle avait précipité dans l'étang un sac dont le contenu était étrange. Il fallait tenir compte de tous ces facteurs et cependant aucun ne nous menait au cœur du problème. Quel était donc le point de départ de toute cette succession d'incidents ? Là au moins se trouvait l'extrémité de ce fil enchevêtré.

« — Il faut », dis-je à Musgrave, « que je voie ce document que votre maître d'hôtel voulait consulter même au risque de perdre sa place.

« — C'est une chose assez absurde que ce rituel familial », répondit-il. « Mais il possède du moins le mérite de l'ancienneté. J'ai sur moi un exemplaire des questions et des réponses. Si vous voulez vraiment y jeter un coup d'œil... »

Il me tendit ce même document que j'ai ici, Watson, et voici l'étrange catéchisme qu'était tenu de réciter chaque Musgrave lorsqu'il atteignait l'âge d'homme. Je vous lis les questions et les réponses telles qu'elles sont écrites :

— *Qui en fut possesseur ?*
— *Celui qui est parti.*
— *Qui l'aura ?*
— *Celui qui doit venir.*

---

10. **worth (my, your, his, her, their) while :** *qui mérite que l'on (moi, toi, lui, elle, eux) s'en occupe.*
11. **the saving grace :** litt. *la grâce rédemptrice.*
12. **man's estate :** *l'état adulte* ou *la condition humaine.*
13. **whose ? :** *à qui ?* **Whose :** *dont, duquel* ou *de laquelle* chaque fois qu'un rapport de possession est envisagé. S'il s'agit d'un rapport seulement relatif (« la personne dont je parle ») il convient d'employer **whom (the person of whom I am talking).**
14. **his :** *de celui ; de celle :* **hers ;** *de ceux :* **theirs.** Ici encore nous avons affaire à une relation de possession.
15. **shall** (à la différence de **will**) suggère soit une prescription ou une interdiction (ex. **you shall not tell me what I am to do :** *ce n'est pas toi qui va me dire ce que je dois faire*), soit, comme ici, un événement prédéterminé, inéluctable.
16. **he who :** *celui qui* (litt. : *lui qui*). **He who laughs last laughs best :** *rira bien qui rira le dernier.*

" 'Where was the sun ?'
" 'Over the oak[1].'
" 'Where was the shadow ?'
" 'Under the elm.'
" 'How was it stepped[2] ?'
" 'North by ten and by ten, east by five and by five, south by two and by two, west by one and by one, and so under.'
" 'What shall we give for it ?'
" 'All that is ours[3].'
" 'Why should we give it ?'
" 'For the sake of the trust[4].'

" 'The original has no date, but is in the spelling of the middle of the seventeenth century,' remarked Musgrave. 'I am afraid, however, that it can be of little help to you in solving this mystery.'

" 'At least,' said I, 'it gives us another mystery, and one which is even more interesting than the first. It may be that the solution of the one may prove to be[5] the solution of the other. You will excuse me, Musgrave, if I say that your butler appears to me to have been a very clever man, and to have had a clearer insight[6] than ten generations of his masters.'

" 'I hardly follow you,' said Musgrave. 'The paper[7] seems to me to be of no practical importance.'

" 'But to me it seems immensely practical, and I fancy[8] that Brunton took the same view. He had probably seen it before that night on which[9] you caught him.'

" 'It is very possible. We took no pains[10] to hide[11] it.'

---

1. **oak** : *un chêne*.
2. **to step** : *mesurer* en terme de pas (**step** : a) *un pas* b) *une marche d'escalier* c) *une démarche*).
3. **all that is ours** : litt. *tout ce qui est nôtre*. Après *all* on n'emploie pas *which* mais *that*.
4. **the trust** : *la confiance* ou *ce qui a été confié*. To trust (trust, trust) : *avoir confiance* (en qqun).
5. **may prove to be** : litt. *peut se prouver être*, donc : *peut se révéler*.
6. **a clearer insight** : litt. *une vue plus claire*. De *to see* (saw, seen) *in* : *voir à l'intérieur*. Donc **insight** : *perception, intelligence divinatoire*.
7. **the paper** : *ce document* et non pas *le document*. En anglais ancien l'article défini s'identifie au démonstratif et en anglais moderne la trace de cette situation subsiste dans l'emploi

— *Où était le soleil ?*
— *Au-dessus du chêne.*
— *Où était l'ombre ?*
— *Sous l'orme.*
— *Combien de pas ?*
— *Nord : dix et dix. Est : cinq et cinq. Sud : deux et deux. Ouest : un et un. Et au-dessous.*
— *Que donnerons-nous pour l'objet ?*
— *Tout ce qui est nôtre.*
— *Pourquoi le donnerions-nous ?*
— *Par respect pour la foi jurée.*

« — L'original n'est pas daté, mais l'orthographe est celle du milieu du XVIIe siècle », indiqua Musgrave. « Je crains toutefois que ceci ne vous soit pas très utile pour résoudre cette énigme.

« — Au moins », répondis-je, « nous nous trouvons en face d'un nouveau mystère, encore plus intéressant que le premier. Il se pourrait bien que la solution de l'un soit aussi la solution de l'autre. Vous m'excuserez, Musgrave, de vous dire qu'à mon avis votre maître d'hôtel était un homme très intelligent et plus perspicace que dix générations de ses maîtres.

« — J'ai du mal à vous suivre », murmura Musgrave. « Ce papier n'est à mes yeux d'aucune utilité.

« — Mais aux miens il est d'une utilité considérable et je pense que Brunton partageait mon sentiment. Il l'avait sans doute vu avant cette nuit où vous l'avez surpris ?

« — C'est fort possible. Nous n'avons jamais cherché à le dissimuler.

---

occasionnel de l'article défini possédant valeur de démonstratif.
8. **to fancy :** a) *penser, imaginer, se figurer, se mettre en tête* b) *affectionner, avoir un faible pour.*
9. **on which :** et non in which.
10. **to take** (took, taken) **pains to do something :** *se donner du mal, de la peine* (pour réaliser qqch.).
11. **to hide** (hid, hidden) : *cacher.* Hide and seek : *cache-cache.*

" 'He simply wished, I should imagine, to refresh his memory upon that last occasion. He had, as I understand[1], some sort of[2] map or chart which he was comparing with the manuscript, and which he thrust into his pocket when you appeared.'

" 'That is true. But what could he have to do with[3] this old family custom of ours[4], and what does this rigmarole[5] mean ?'

" 'I don't think that we should have much difficulty in determining[6] that,' said I ; 'with your permission we will take the first train down to[7] Sussex, and go a little more deeply into the matter upon the spot[8].'

"The same afternoon saw us both at Hurlstone. Possibly[9] you have seen pictures and read descriptions of the famous old building, so I will confine my account of it to saying that it is built in the shape of an L, the long arm[10] being the more modern portion, and the shorter the ancient nucleus[11], from which the other has developed. Over the low, heavily-lintelled[12] door, in the centre of this old part, is chiselled[13] the date, 1607, but experts are agreed that the beams[14] and stone-work are really much older than this. The enormously thick walls and tiny windows of this part had in the last century driven the family into building the new wing, and the old one was used now as a store-house[15] and a cellar, when it was used at all. A splendid park with fine old timber[16] surrounds the house, and the lake, to which my client had referred[17], lay close to[18] the avenue, about two hundred yards from the building.

---

1. **as I understand** (understood, understood) : litt. *comme je comprends*.
2. **some sort of** : litt. *une sorte de*. ⚠ Noter l'emploi du partitif some et non de l'indéfini a.
3. **to have to do with** : *avoir affaire à, avoir un rapport avec*. What have you got to do with it ? ou What has it got to do with you ? : *En quoi cela vous concerne-t-il ?*
4. **this old family custom of ours** : this porte sur custom. Cf. this butler of yours.
5. **rigmarole** : *charabia*.
6. **difficulty in determining** : ou bien difficulty to determine.
7. **down to** : et non up to, car on s'éloigne de Londres.
8. **spot** : a) *lieu, endroit* b) *tache*.
9. **possibly** : litt. *possiblement*. Donc : *il se peut que*.

« — Je pense qu'il voulait se rafraîchir la mémoire une dernière fois. N'avait-il pas une sorte de carte qu'il comparait avec le manuscrit et qu'il a enfouie dans une poche quand il vous a vu ?

« — C'est exact. Mais en quoi cette vieille coutume de famille pouvait-elle l'intéresser ? Et que signifie ce charabia ?

« — Je ne crois pas que nous éprouverons de grosses difficultés à le découvrir. Si vous y consentez nous allons prendre le premier train pour le Sussex et approfondir l'affaire sur place. »

Dans l'après-midi du même jour nous étions tous deux à Hurlstone. Vous avez peut-être vu des images et lu des descriptions de ce célèbre vieux manoir. Aussi me bornerai-je à vous dire qu'il est construit en forme de L. Le jambage le plus long en est la partie la plus moderne ; le plus court l'ancien noyau à partir duquel l'autre s'est développé. Sur la porte basse à lourd linteau, au centre de l'aile ancienne, est gravé *1607*, mais selon les experts les solives et la charpente sont d'une date plus éloignée. Les murs énormément épais et les fenêtres minuscules avaient incité la famille dans le courant du siècle dernier à construire une aile neuve. L'ancienne ne servait plus que d'entrepôt ou de cave. Un parc superbe entourait la demeure de ses arbres vénérables. L'étang dont avait parlé mon client était situé tout près de l'avenue, à 200 yards des bâtiments.

---

10. **long arm :** litt. *long bras*. Équivaut au français *jambage*.
11. **nucleus :** *le noyau, le centre. Le noyau d'un fruit :* the stone.
12. **heavily-lintelled :** *au lourd linteau*. Noter l'aptitude de l'anglais à construire des verbes ou des adjectifs composés à partir de substantifs.
13. **chisel :** *un couteau de sculpteur*.
14. **beam :** *une poutre*.
15. **store-house :** *salle de rangement*. To store : *emmagasiner, accumuler*. Store : *un magasin*. ▲ *Un store* (à la fenêtre) : a blind.
16. **timber :** *bois de construction* (*le bois* en général : **wood**).
17. **to refer to something :** *faire allusion à qqch*.
18. **close to :** *tout proche de* (*près de :* near).

"I was already firmly convinced, Watson, that there were not three separate mysteries here, but one only, and that if I could read the Musgrave Ritual aright[1] I should hold in my hand the clue[2] which would lead me to the truth concerning both the butler Brunton and the maid Howells. To that[3] then I turned all my energies. Why should this servant be so anxious[4] to master this old formula ? Evidently because he saw something in it which had escaped all those generations of country squires[5], and from which he expected some personal advantage. What was it then[6], and how had it affected his fate ?

"It was perfectly obvious to me, on reading the ritual, that the measurements must refer to some spot to which the rest of the document alluded, and that if we could find that spot, we should be in a fair way towards finding[7] what the secret was which the old Musgraves had thought it necessary to embalm[8] in so curious a fashion. There were two guides given us to start with, an oak and an elm. As to the oak there could be no question at all. Right in front of the house, upon the left-hand side[9] of the drive[10], there stood a patriarch among oaks, one of the most magnificent trees that I have ever seen.

" 'That was there when your ritual was drawn up[11],' said I, as we drove past it.

" 'It was there at the Norman Conquest in all probability,' he answered. 'It has a girth[12] of twenty-three feet.'

"Here was one of my fixed points secured[13].

" 'Have you any old elms ?' I asked.

" 'There used to be a very old one over yonder[14], but it was struck by lightning[15] ten years ago, and we cut down the stump[16].'

---

1. **aright** = in the right (correct) way.
2. **clue** : *un indice, une indication.* I haven't a clue what she means : *je n'ai pas la moindre idée de ce qu'elle veut dire.*
3. **to that** : litt. *vers cela.* C'est-à-dire *à étudier cette question, à résoudre ce problème.*
4. **to be anxious to do something :** *être très désireux de faire qqch.*
5. **country squires :** *gentilshommes campagnards, hobereaux.*
6. **then :** a) adv. de manière : *donc* b) adv. de temps : *alors* (now and then : *de temps à autre*).
7. **in a fair way towards finding** etc. : fair : *raisonnable,*

J'étais fermement convaincu, Watson, qu'il ne s'agissait pas de trois mystères séparés, mais d'un seul ; et que si je pouvais saisir le sens du rituel des Musgrave je détiendrais la clé de l'énigme relative aussi bien à Brunton qu'à la femme de chambre. C'est donc à cette tâche que je vouai toute mon énergie. Pourquoi ce serviteur tenait-il tellement à percer le secret de cette vieille formule ? De toute évidence parce qu'il y avait vu quelque chose qui avait échappé à toutes ces générations de propriétaires terriens et dont il espérait tirer un avantage particulier. Qu'était ce secret ? Quel rôle avait-il tenu dans le destin de Brunton ?

Dès la première lecture du rituel il m'était apparu que les mesures devaient se rapporter à un endroit auquel faisait allusion le reste du document. S'il nous était possible de localiser cet endroit nous serions sur la voie du secret que les vieux Musgrave avaient jugé nécessaire d'enrober de si curieuse façon. Pour point de départ il y avait un chêne et un orme. Quant au chêne, pas d'hésitation possible : juste devant la façade de la demeure, sur le côté gauche de l'avenue, se dressait un patriarche parmi les chênes, l'un des arbres les plus magnifiques que j'aie jamais vus.

« — Ce chêne se trouvait là quand votre rituel fut écrit », observai-je au moment où nous le dépassâmes.

« — Selon toute probabilité il devait déjà être là au temps de la conquête normande. Il a une circonférence de 23 pieds. »

L'un des points de départ était donc bon.

« — Avez-vous de vieux ormes ? » demandai-je.

« — Il y en avait un très vieux par là-bas, mais il a été foudroyé voici dix ans, et nous avons abattu la souche.

---

satisfaisant; **way** : *manière, façon*; **towards** + --ing : *en direction de* + infinitif *(en voie de découvrir)*.
8. **to embalm :** *embaumer* ['embaːm].
9. **left-hand side :** *le côté gauche* (≠ right-hand side).
10. **drive** (substantif) : *allée conduisant à l'entrée principale d'une maison*.
11. **to draw** (drew, drawn) **up a document :** *rédiger un document*. **A draft :** *un avant-projet, une esquisse*.
12. **girth :** *la circonférence d'un arbre, d'une taille, etc.* Cf. **a girdle :** *un ruban, une ceinture* en étoffe. **To gird :** *ceindre*.
13. **to secure :** *se procurer, mettre en sécurité, assurer ou s'assurer de*.
14. **over yonder** = over there : *là-bas, de l'autre côté*. Cf. **beyond :** *au-delà*.
15. **lightning :** *la foudre*. **A flash of lightning** (litt. *un éclair de foudre*) : *un éclair*.
16. **stump :** *une souche, un moignon*.

" 'You can see where it used to[1] be ?'

" 'Oh, yes.'

" 'There are no other elms ?'

" 'No old ones, but plenty of beeches.'

" 'I should like to see where it grew.'

"We had driven up in a dogcart[2], and my client led me away at once, without our entering the house, to the scar[3] on the lawn where the elm had stood. It was nearly midway[4] between the oak and the house. My investigation seemed to be progressing.

" 'I suppose it is impossible to find out how high the elm was ?' I asked.

" 'I can give you it at once. It was sixty-four feet.'

" 'How do you come to know it ?' I asked, in surprise.

" 'When my old tutor used to give me an exercise in trigonometry, it always took the shape of measuring heights[5]. When I was a lad I worked out every tree and building in the estate.'

"This was an unexpected piece of luck[6]. My data[7] were coming more quickly than I could have reasonably hoped.

" 'Tell me,' I asked, 'did your butler ever ask you such a question ?'

"Reginald Musgrave looked at me in astonishment[8]. 'Now that you call it to my mind[9],' he answered, 'Brunton *did*[10] ask me about the height of the tree some months ago, in connection with[11] some little argument with the groom[12].'

---

1. **used to :** cette forme verbale indique un aspect particulier du passé, l'aspect « habituel ». Il est à peu près l'équivalent du would dit « fréquentatif ». Ex. he would go out every afternoon = he used to go out every afternoon : *il sortait tous les après-midi*. On ne confondra pas **used to** + infinitif et **to be used to** + --ing, réservé à d'autres temps que le passé. Ex. I am used to going out for a walk every afternoon : *j'ai l'habitude de sortir me promener tous les après-midi*.
2. **dogcart :** litt. *charrette à chien* ; donc de petite taille.
3. **scar :** *cicatrice*.
4. **midway :** *à mi-chemin*.
5. **height :** *une hauteur* (cf. **Wuthering Heights**, *Les Hauts de Hurlevent*, roman d'E. Brontë).
6. **unexpected :** *inattendu*. **Piece of luck :** litt. *un morceau de*

« — Pourriez-vous vous rappeler son emplacement ?

« — Certainement.

« — Il n'y a pas d'autres ormes ?

« — Pas d'anciens, mais il y a beaucoup de hêtres.

« — Je voudrais voir l'emplacement du vieil orme. »

Nous étions venus dans une charrette anglaise. Sans attendre d'entrer dans la maison mon client me mena vers l'endroit où une cicatrice sur la pelouse, presque à mi-distance entre le chêne et le manoir, indiquait l'emplacement de l'arbre. Il me sembla que mon enquête avançait.

« — J'imagine qu'il est impossible de savoir quelle était la hauteur de cet orme ? » demandai-je.

« — Je puis vous la donner tout de suite : 64 pieds.

« — Comment se fait-il que vous la connaissiez ? » demandai-je tout surpris.

« — Quand mon vieux précepteur m'infligeait un exercice de trigonométrie, il y avait toujours à calculer des hauteurs. Au cours de mon enfance j'ai calculé la hauteur de chaque arbre et de chaque bâtiment du domaine.

« — Voilà ce qui s'appelle une chance imprévue ! »

Les données de mon petit problème se précisaient plus vite que je n'avais osé l'espérer.

« — Dites-moi », repris-je, « votre maître d'hôtel vous a-t-il jamais posé cette même question ? »

Reginald Musgrave me considéra stupéfait.

« — Vous me le rappelez maintenant », répondit-il. « Brunton m'a effectivement interrogé sur la hauteur de l'arbre (cela remonte à quelques mois) pour mettre un terme à une discussion avec le valet d'écurie. »

---

chance. **Piece** [piːs] singularise certains collectifs (**a piece of cheese, a piece of news**).

7. **data** (toujours au pluriel) : *des données numériques*.

8. **astonishment** : *stupéfaction* (plus fort qu'étonnement).

9. **to call something to mind** = to be reminded of something : *se remémorer qqch*.

10. **did** : la mise en relief d'un terme du discours peut être syntaxique (emploi « emphatique » de l'auxiliaire to do à la forme affirmative, comme ici), phonétique (modulation intonatoire plus haute sur le terme que l'on veut souligner, ici **did**), typographique enfin (transcription italique suggérant la modulation intonatoire).

11. **in connection with** : *en rapport avec*.

12. **groom** : *un garçon d'écurie*. To groom a horse : *étriller un cheval*. ▲ *Un groom :* **a page boy**.

"This was excellent news, Watson, for it showed me that I was on the right road. I looked up at the sun. It was low in the heavens[1], and I calculated that in less than an hour it would lie just above the topmost[2] branches of the old oak. One condition mentioned in the Ritual would then be fulfilled[3]. And the shadow of the elm must mean the farther[4] end of the shadow, otherwise the trunk would have been chosen as the guide. I had, then, to find where the far end of the shadow would fall when the sun was just clear of[5] the oak."

"That must have been difficult, Holmes, when the elm was no longer[6] there."

"Well, at least[7] I knew that if Brunton could do it, I could also. Besides, there was no real difficulty. I went with Musgrave to his study and whittled[8] myself this peg, to which I tied this long string with a knot at each yard. Then I took two lengths of a fishing-rod[9], which came to just six feet, and I went back with my client to where the elm had been. The sun was just grazing[10] the top of the oak. I fastened[11] the rod on end, marked out the direction of the shadow, and measured it. It was nine feet in length.

"Of course the calculation now was a simple one. If a rod of six feet threw[12] a shadow of nine, a tree of sixty-four feet would throw one of ninety-six, and the line of the one would of course be the line of the other. I measured out the distance, which brought me almost to the wall of the house, and I thrust a peg into the spot. You can imagine my exultation, Watson, when within[13] two inches of my peg I saw a conical depression in the ground.

---

1. **in the heavens** : euphémisme pour *in the sky*. En principe Heavens (avec une majuscule) désigne *les cieux* au sens théologique.
2. **the topmost** : *les plus hautes* (= *most at the top*).
3. **to fulfill** : *accomplir* (remplir une mission, une condition).
4. **the farther** : *le, la plus éloigné(e)* de deux termes. En anglais lorsqu'une comparaison met en jeu seulement deux termes on n'emploie pas le superlatif mais le comparatif.
5. **clear of** (litt. *clair de*) : *à distance de, détaché*, c'est-à-dire qu'un espace sépare les deux objets (ici le chêne et le soleil).
6. **no longer** : *pas plus longtemps*.
7. **at least** : *du moins, pour le moins*. Last but not least : *en dernier mais non le moindre* (ce que l'on a gardé « pour la bonne bouche »).

C'était une excellente nouvelle, Watson, car je voyais que j'étais sur la bonne piste. Je levai les yeux vers le soleil : il était bas. Dans moins d'une heure il arriverait juste au-dessus des branches supérieures du vieux chêne. Une condition figurant au rituel serait remplie. Et l'ombre de l'orme devait signifier la limite de l'ombre, sinon le tronc aurait été choisi comme point de repère. J'avais donc à déterminer où se situerait la limite de l'ombre quand le soleil serait juste au-dessus du chêne.

— Mais puisque l'orme n'était plus là, Holmes, vous avez dû éprouver beaucoup de difficultés ?

— Je savais que si Brunton avait pu le faire je le pourrais également. D'ailleurs il n'y avait pas de difficulté réelle. Je me rendis avec Musgrave dans son bureau, taillai moi-même cette cheville en bois à laquelle j'attachai cette longue ficelle avec un nœud à chaque yard. Puis je pris deux longueurs de canne à pêche qui faisaient juste 6 pieds et je revins accompagné de mon client vers l'emplacement de l'orme. Le soleil frôlait le haut du chêne. J'attachai la canne à pêche à un bout, traçai la direction de l'ombre et la mesurai. Elle avait 9 pieds de long.

A présent mon calcul était simple. Si une canne à pêche de 6 pieds projetait une ombre de 9 pieds, un orme de 64 pieds en projetterait une de 96 et la direction de la première serait naturellement la direction de la deuxième. Je mesurai la distance : elle m'amena presque au mur de la maison. J'enfonçai ma cheville à cet endroit. Vous pouvez imaginer ma joie, Watson, quand à 2 pouces de ma cheville je vis un creux conique dans le sol.

---

8. **to whittle :** *tailler avec un canif, rogner.* **Whittlings :** *des copeaux.*
9. **fishing-rod :** *canne à pêche.*
10. **to graze :** *érafler.*
11. **to fasten :** *serrer, attacher solidement.*
12. **to throw** (threw, thrown) : *jeter, lancer* (syn. **to cast, cast, cast**).
13. **within :** *à l'intérieur de, dans la limite de.*

I knew that it was the mark made by Brunton in his measurements[1], and that I was still upon his trail.

"From this starting-point I proceeded to step[2], having first taken the cardinal points by my pocket-compass[3]. Ten steps with each foot took me along parallel with the wall of the house, and again I marked my spot with a peg. Then I carefully paced off five to the east and two to the south. It brought me to the very threshold[4] of the old door. Two steps to the west meant now that I was to go two paces down the stone-flagged[5] passage, and this was the place indicated by the Ritual.

"Never have I felt such a cold chill[6] of disappointment[7], Watson. For a moment it seemed to me that there must be some radical mistake in my calculations. The setting[8] sun shone full upon the passage floor, and I could see that the old, foot-worn[9] gray stones with which it was paved were firmly cemented together, and had certainly not been moved for many a long year[10]. Brunton·had not been at work here. I tapped upon the floor, but it sounded the same all over, and there was no sign of any crack[11] or crevice. But, fortunately, Musgrave, who had begun to appreciate[12] the meaning of my proceedings, and who was now as excited as myself, took out his manuscript to check[13] my calculations.

" 'And under,' he cried. 'You have omitted the "and under." '

"I had thought that it meant that we were to dig[14], but now, of course, I saw at once that I was wrong. 'There is a cellar[15] under this then' I cried. " 'Yes, and as old as the house. Down here, through this door.'

---

1. **measurements :** *les mesures* (au sens de *mensurations*).
2. **I proceeded to step :** litt. *je procédai à compter mes pas*.
3. **compass :** *une boussole*.
4. **the very threshold :** *le seuil même*. The very est une forme emphatique de l'article défini, marquant l'identité et correspondant au français *même*.
5. **stone-flagged :** *pavé de pierre*.
6. **chill :** *une sensation de froid*.
7. **disappointment :** *une déception*.
8. **setting** (à propos du soleil). **Sunset :** *le coucher du soleil* (≠ sunrise).
9. **foot-worn :** litt. *usé par les pieds*. To wear, wore, worn : *porter* (un vêtement). To wear out : *user, rendre hors d'usage*.

Il s'agissait de la marque faite par Brunton dans ses mensurations. J'étais toujours sur sa trace.

De ce point de départ j'avançai pas par pas, non sans avoir repéré les points cardinaux à l'aide de ma petite boussole de poche. Dix pas me firent longer le mur de la maison ; à nouveau je plantai une cheville. Puis je comptai soigneusement cinq pas vers l'est et deux pas vers le sud. Cela me conduisit jusqu'au seuil de la porte ancienne. Deux pas vers l'ouest signifiaient que je devais avancer de deux pas dans le couloir dallé et que là était l'endroit indiqué par le rituel.

Jamais je n'avais éprouvé une si glaciale déception, Watson ! Pendant quelques instants je crus avoir commis une grossière erreur dans mes calculs. Le soleil couchant éclairait à plein le couloir. Je voyais les vieilles pierres grises usées par les pas mais solidement cimentées les unes aux autres. Depuis de très longues années elles n'avaient jamais été déplacées. Ce n'était pas l'endroit où Brunton avait travaillé. Je fis résonner les dalles mais partout elles rendaient le même son : aucun signe de fente ou de fissure. Heureusement Musgrave, qui commençait à comprendre le sens de mes opérations et qui était à présent aussi acharné que moi, s'empara du manuscrit pour vérifier mes calculs.

« — Et en dessous ! » s'écria-t-il. « Vous avez oublié le "en dessous" ! »

J'avais cru que cela voulait dire que nous devions creuser. Mais je compris immédiatement que je m'étais trompé.

« — Il y a donc une cave en dessous ? » m'écriai-je.

« — Oui. Aussi vieille que la maison. Descendons. Par cette porte ! »

---

10. **many a long year :** *de longues années* (⚠ et non **many long years**).
11. **crack :** *fêlure, fente, brisure.*
12. **to appreciate :** *apprécier* ou *mesurer à sa juste valeur.*
13. **to check :** *vérifier.* **Checking :** *vérification.* **Check list :** *la liste des points à vérifier.* **Check point Charlie :** *le poste de contrôle à Berlin.*
14. **to dig** (dug, dug) : *creuser.* **Grave-digger :** *un fossoyeur.*
15. **cellar** (cf. *cellier*) : *une cave.* **Cell :** *une cellule.*

"We went down a winding[1] stone stair, and my companion, striking a match[2], lit a large lantern which stood on a barrel[3] in the corner. In an instant it was obvious that we had at last come upon the true place, and that we had not been the only people to visit the spot recently.

"It had been used for the storage[4] of wood, but the billets[5], which had evidently been littered over[6] the floor, were now piled at the sides, so as to leave a clear space in the middle. In this space lay a large and heavy flagstone[7] with a rusted iron ring in the centre to which a thick shepherd's-check muffler[8] was attached.

" 'By Jove !' cried my client. 'That's Brunton's muffler. I have seen it on him, and could swear[9] to it. What has the villain[10] been doing here ?'

"At my suggestion a couple of the county police were summoned to be present, and I then endeavored to raise the stone by pulling on the cravat. I could only move it slightly, and it was with the aid of one of the constables that I succeeded at last in[11] carrying it to one side. A black hole yawned[12] beneath into which we all peered[13], while Musgrave, kneeling[14] at the side, pushed down the lantern.

"A small chamber about seven feet deep and four feet square lay open to us. At one side of this was a squat[15], brass-bound[16] wooden box, the lid of which was hinged upwards[17], with this curious old-fashioned key projecting from the lock.

---

1. **to wind** [wa:ind], wound, wound : *sinuer* ou *former des cercles concentriques*. To wind (transitif) : *remonter un ressort, une montre*.
2. **to strike** (struck, struck) **a match** : *frotter une allumette*.
3. **barrel** : *un baril* ou *le canon d'un fusil*.
4. **storage** : *la réserve, le stock*.
5. **billet** : *un billot*.
6. **litter** : *les débris, les déchets, ce qui traîne*. To be littered over the floor : *joncher le sol comme des déchets*.
7. **flagstone** : *un pavé, une dalle*. Flag : *un drapeau*.
8. **shepherd** : *berger* (de moutons). Shepherdess : *bergère*. Check (adjectif) : *à carreaux* (sur un tissu). Muffler : *cache-nez*.
9. **to swear** (swore, sworn) : *jurer* ou *prêter serment*. To swear to something : *jurer de qqch.* (un fait, une opinion).

Nous descendîmes un escalier en colimaçon. Mon compagnon alluma une grosse lanterne qui se trouvait sur un tonneau dans un coin. Instantanément nous constatâmes que nous étions enfin parvenus au bon endroit et que nous n'étions pas les seuls à avoir récemment inspecté les lieux.

Cette cave avait été utilisée pour une réserve de bois. Mais les bûches, qui avaient été jetées en désordre sur le sol, étaient rangées en piles le long des murs, laissant un espace vide au milieu. Dans cet espace il y avait une grande et lourde dalle avec à son centre un anneau de fer rouillé auquel était attaché un épais foulard à carreaux de berger.

« — Mon Dieu ! » s'écria mon client. « C'est le foulard de Brunton. Je le reconnais. J'en mettrais ma main au feu. Qu'est-ce que ce coquin est-il venu faire ici ? »

Je suggérai de convier deux représentants de la police locale pour assister à la suite des opérations. J'essayai alors de soulever la dalle en tirant sur le foulard. Je ne pus que la déplacer légèrement et il me fallut l'aide de l'un des inspecteurs pour parvenir à la pousser de côté. Un trou noir bâillait en dessous. Tous nous regardâmes à l'intérieur tandis que, agenouillé, Musgrave approchait la lanterne.

Une petite cavité qui avait à peu près 7 pieds de profondeur et 4 pieds carrés de surface s'offrait à notre regard. Sur un côté il y avait un coffret trapu en bois cerclé de cuivre. Le couvercle était levé et la vieille clé que voici, à la forme si curieuse, était enfoncée dans la serrure.

---

10. **villain** ['viln] : *un traître de théâtre, un coquin.* ⚠ *Un vilain (féodalité) :* a **villein** ['vilein].
11. **to succeed in doing something :** *réussir à faire qqch.*
12. **to yawn :** *bâiller.*
13. **to peer :** *s'efforcer de voir, regarder en plissant les yeux.*
14. **to kneel :** *s'agenouiller.*
15. **squat :** *trapu, compact.*
16. **brass-bound :** *cerclé de cuivre.* To bind, bound, bound : *lier, enserrer, ficeler.*
17. **hinge :** *un gond.* To hinge : *basculer sur ses gonds* ou, au sens figuré, *dépendre* (this is the point on which the solution hinges : *c'est la question sur laquelle repose la solution*). To unhinge : *faire sortir de ses gonds, fausser.* **Upwards** (≠ **downwards**) : *vers le haut.*

It was furred[1] outside by a thick layer[2] of dust, and damp[3] and worms had eaten through the wood, so that a crop[4] of livid fungi[5] was growing on the inside of it. Several discs of metal, old coins[6] apparently, such as I hold here, were scattered over the bottom of the box, but it contained nothing else.

"At the moment, however, we had no thought for the old chest[7], for our eyes were riveted upon[8] that which crouched beside[9] it. It was the figure of a man, clad in a suit of black, who squatted down upon his hams[10] with his forehead sunk upon the edge of the box and his two arms thrown out on each side of it. The attitude had drawn all the stagnant blood to the face, and no man could have recognized that distorted liver-colored countenance[11]; but his height, his dress, and his hair were all sufficient to show my client, when we had drawn the body up, that it was indeed his missing butler. He had been dead some days[12], but there was no wound or bruise upon his person to show how he had met his dreadful end. When his body had been carried from the cellar we found ourselves still confronted with a problem which was almost as formidable[13] as that with which we had started.

"I confess[14] that so far, Watson, I had been disappointed in my investigation. I had reckoned upon solving the matter when once I had found the place referred to in the Ritual; but now I was there, and was apparently as far as ever from knowing[15] what it was which the family had concealed[16] with such elaborate[17] precautions.

---

1. **fur** : *la fourrure.* To fur : *doubler de fourrure* ou *matelasser. Doubler d'une étoffe fine :* to line.
2. **layer** : *une couche, une sédimentation.*
3. **damp** : *humide* ou *l'humidité.*
4. **crop** : *récolte, moisson, collecte.*
5. **fungi** : *moisissure, champignons parasites.* Mushroom : *champignon comestible.* Toadstool : *champignon vénéneux.*
6. **coin** : *une pièce de monnaie.* ▲ *Un coin :* a corner.
7. **chest** : *un coffre* ou *la cage thoracique.*
8. **rivet** : *un rivet.* To be riveted on ou upon : *être rivé à.*
9. **to crouch** : *être accroupi* ou *bouger en position accroupie.* **Beside** : *à côté de.*
10. **ham** : *une fesse, un jambon. Un gigot :* a leg of mutton.
11. **liver** : *le foie.* Liver-coloured : litt. *couleur de foie ;* donc

Il était extérieurement recouvert d'une épaisse couche de poussière. L'humidité et les vers avaient rongé le bois et des champignons blêmes foisonnaient à l'intérieur. Plusieurs disques métalliques, apparemment de vieilles pièces de monnaie comme celles que je tiens là, étaient éparpillés dans le fond de la boîte, qui ne contenait rien d'autre.

Mais sur le moment nous ne nous intéressions guère à ce vieux coffret car nous avions les yeux rivés sur une forme tassée tout contre. C'était celle d'un homme vêtu de noir, accroupi sur les jarrets, le front couché sur le rebord du coffret et les deux bras l'enserrant. Cette attitude avait attiré tout le sang stagnant sur le visage et personne n'aurait pu mettre un nom sur un masque si décomposé et tuméfié. Mais une fois que nous eûmes retiré le corps, la taille, le costume et les cheveux suffirent à mon client pour identifier le maître d'hôtel disparu. Sa mort remontait à quelques jours mais rien sur sa personne, ni blessure ni contusions, ne révélait comment il avait trouvé cette fin affreuse. Quand son cadavre eut été transporté hors de la cave nous demeurions en face d'un problème presque aussi redoutable qu'au départ.

J'avoue, Watson, que j'étais fort désappointé. J'avais compté résoudre l'affaire dès que j'aurais découvert l'endroit indiqué par le rituel. Mais je l'avais découvert et je n'étais pas plus avancé dans la connaissance de ce que la famille Musgrave avait dissimulé avec tant de précautions.

---

lie-de-vin. **Countenance** : *la mine, l'expression.* ▲ *La contenance :* the filling capacity, the volume.
12. **some days** = for some days.
13. **formidable :** *redoutable.* ▲ *Formidable* (= *énorme, gigantesque*) : huge, gigantic.
14. **to confess :** *avouer.* **Confession :** *les aveux.*
15. **as far as ever :** *aussi loin que jamais.* **From knowing :** *du fait de savoir.*
16. **to conceal :** *dissimuler.* **Concealment :** *le fait d'être caché* (syn. : hiding).
17. **elaborate :** *complexe, compliqué, recherché. Élaborer :* to devise.

It is true that I had thrown a light upon the fate of Brunton, but now I had to ascertain[1] how that fate had come upon him, and what part had been played in the matter by the woman who had disappeared. I sat down upon a keg[2] in the corner and thought the whole matter carefully over[3].

"You know my methods in such cases, Watson. I put myself in the man's place and, having first gauged[4] his intelligence, I try to imagine how I should myself have proceeded under the same circumstances. In this case the matter was simplified by Brunton's intelligence being quite first-rate[5], so that it was unnecessary to make any allowance for the personal equation, as the astronomers have dubbed[6] it. He knew that something valuable[7] was concealed. He had spotted the place. He found that the stone which covered it was just too heavy for a man to move unaided. What would he do next ? He could not get help from outside, even if he had some one whom he could trust, without the unbarring[8] of doors and considerable risk of detection. It was better, if he could, to have his helpmate[9] inside the house. But whom could he ask ? This girl had been devoted[10] to him. A man always finds it hard to realize[11] that he may have finally lost a woman's love, however badly he may have treated her. He would try by a few attentions to make his peace with[12] the girl Howells, and then would engage her as his accomplice. Together they would come at night to the cellar, and their united force would suffice to raise the stone. So far I could follow their actions as if I had actually seen them.

"But for two of them, and one a woman, it must have been heavy work the raising of that stone.

---

1. **to ascertain** : litt. *se rendre certain* = *vérifier par expérience, empiriquement.*
2. **a keg :** *un tonnelet de vin ou de whisky.*
3. **to think** (thought, thought) **something over :** *réfléchir à qqch., le « retourner » dans sa tête.* To think something up : *avoir une idée* (inopinément), *improviser une solution.*
4. **to gauge** [geidz] : *jauger, mesurer.*
5. **first-rate :** *de premier ordre, de première qualité.*
6. **to dub :** a) *adouber* (chevalerie) b) *dénommer, surnommer, affubler.* Dubbing : *le doublage d'un dialogue de film.*
7. **valuable :** *précieux* (≠ valueless).
8. **the unbarring :** *le fait de retirer des barreaux* (to unbar).

Certes j'avais apporté quelque lumière sur le sort de Brunton, mais il me restait à expliquer comment ce sort s'était abattu sur lui et quel rôle avait joué la femme qui avait disparu. Je m'assis sur un tonnelet dans un coin et je repassai soigneusement tous les faits dans ma tête.

Vous connaissez mes méthodes en pareil cas, Watson. Je me mets à la place de l'homme et, ayant d'abord évalué l'ampleur de son intelligence, je m'efforce d'imaginer comment j'aurais moi-même agi dans des circonstances analogues. Là, j'étais aidé par le fait que l'intelligence de Brunton était de tout premier ordre. Je n'avais donc pas à tenir compte d'une équation personnelle. Il savait que quelque chose de précieux était caché. Il avait détecté l'endroit. Il avait découvert que la dalle qui le recouvrait était trop lourde pour être déplacée par un homme seul. Alors que faire ? Il ne pouvait pas se faire aider par quelqu'un de l'extérieur, même par quelqu'un de confiance, sans retirer les barres des portes, donc sans risquer d'être surpris. Le mieux était d'avoir un complice à l'intérieur de la maison. Mais qui choisir ? Cette jeune fille avait été à sa dévotion. Un homme éprouve toujours de la difficulté à croire qu'il a pu perdre tout à fait l'amour d'une femme, si cruelle qu'ait pu être son attitude envers elle. Moyennant quelques attentions il essaierait donc de faire la paix avec Rachel et de l'utiliser comme complice. De nuit ils viendraient ensemble à la cave et à eux deux ils soulèveraient la dalle. Jusque-là je pouvais les suivre comme si je les voyais.

Mais pour eux deux, dont une femme, soulever cette dalle avait dû exiger un rude effort.

To bar : *poser des barreaux* ou *mettre un obstacle.* **Bar** : a) *un obstacle* (**colour bar** = *discrimination raciale* au détriment des Noirs) b) le *barreau d'un tribunal* (**barrister** : *un avocat*) c) *un bar.*
9. **helpmate :** litt. *camarade de secours* (**mate :** *un compagnon, un complice*; **help :** *aide, secours*).
10. **devoted :** *dévoué(e).* ▲ *Dévot :* **devout** [di:'vaut]. *Votre dévoué* (formule épistolaire) : **yours truly**.
11. **to realize :** *comprendre, constater.*
12. **to make one's peace with somebody :** *se réconcilier avec qqun.*

A burly[1] Sussex policeman and I had found it no light job[2]. What would they do to assist them ? Probably what I should have done myself. I rose and examined carefully the different billets of wood which were scattered round the floor. Almost at once I came upon[3] what I expected. One piece, about three feet in length, had a very marked indentation at one end, while several were flattened[4] at the sides as if they had been compressed by some considerable weight. Evidently, as they had dragged the stone up[5] they had thrust the chunks[6] of wood into the chink[7], until at last, when the opening was large enough to crawl[8] through, they would hold it open by a billet placed lengthwise[9], which might very well become indented at the lower end, since the whole weight of the stone would press it down on to the edge of this other slab[10]. So far I was still on safe ground[11].

"And now how was I to proceed to reconstruct this midnight drama ? Clearly, only one could fit into[12] the hole, and that one was Brunton. The girl must have waited above[13]. Brunton then unlocked the box, handed up[14] the contents presumably[15] — since they were not to be found — and then — and then what happened ?

"What smouldering[16] fire of vengeance had suddenly sprung into flame in this passionate Celtic woman's soul when she saw the man who had wronged[17] her — wronged her, perhaps, far more than we suspected — in her power ?

---

1. **burly :** *corpulent, encombrant.*
2. **no light job :** litt. *pas un travail léger.*
3. **to come** (came, come) **upon** = to hit (hit, hit) upon : *découvrir, mettre la main sur.*
4. **to flatten :** *aplatir.* Flat : *plat.*
5. **to drag up :** *excaver.*
6. **chunk :** *un gros morceau mal équarri.*
7. **chink :** *un petit trou, une ouverture, une crevasse.*
8. **to crawl :** *ramper* en s'aidant des bras et des jambes ; to creep : *ramper* à la manière d'un serpent, *s'insinuer.*
9. **lengthwise :** *dans le sens de la longueur.* Le suffixe --wise marque la modalité, la manière. Otherwise : *autrement, d'une autre manière* ; contrarywise : *en sens contraire,* ou *qui a l'esprit de contradiction* ; likewise : *de la même façon, en imitant* ; crosswise : *en croix,* etc.
10. **slab :** *une dalle, une plaque.* A chocolate slab : *une tablette de chocolat.*

Avec l'aide d'un robuste policier du Sussex je n'y étais pas arrivé sans peine. Comment avaient-ils donc pu s'y prendre ? Sans doute comme je l'aurais fait moi-même. Je me levai pour examiner les bûches qui gisaient sur le sol. Presque immédiatement je découvris ce que je cherchais. Une bûche longue de près de 3 pieds montrait à un bout une échancrure très visible. D'autres bûches étaient aplaties sur les côtés comme si elles avaient subi une énorme pression. C'était clair : en soulevant la dalle ils avaient glissé des bûches dans l'entrebâillement, jusqu'à ce qu'enfin l'ouverture fût assez grande pour permettre à une personne de se glisser à l'intérieur. Ils l'avaient maintenue au moyen d'une grosse bûche disposée en hauteur ; cette bûche avait fort bien pu s'échancrer, s'abîmer sur le côté inférieur, puisque tout le poids de la dalle l'avait comprimée sur le tranchant de la dalle voisine. Jusque-là mon raisonnement tenait debout.

Mais comment procéder maintenant pour reconstituer la tragédie de minuit ? Évidemment seul un des deux complices pouvait se glisser dans l'ouverture et bien évidemment ç'avait été Brunton. La jeune fille avait dû attendre au bord, Brunton avait alors ouvert le coffret dont le contenu, puisqu'on ne l'avait pas retrouvé, avait probablement été remis à la complice. Qu'était-il arrivé ensuite ?

Quel instinct de vengeance, couvant comme un feu sous la cendre, s'était-il subitement réveillé dans l'âme de cette Celte passionnée, quand elle vit à sa merci celui qui lui avait fait tant de mal, plus de mal peut-être que nous ne le soupçonnons ?

---

11. **on safe ground :** litt. *en terrain sûr.* **To be safe** : a) *pouvoir agir sans risque, n'avoir rien à craindre* b) *être hors de danger.* **A safe** : *un coffre-fort.* ≠ **Unsafe** (adj.) : *risqué, dont il convient de se méfier.*
12. **to fit into :** *se loger, être à la mesure* (d'un contenant, d'un logement). **To fit** : *aller* (d'un costume, d'une pièce dans un puzzle, de l'élément d'un ensemble quelconque). **To be fitted** : *être assortis* (de deux ou plusieurs éléments). **A misfit** : *personne* ou *objet qui jure avec son environnement.* **Misfits** (au bridge) : *deux mains qui ne s'accordent pas.*
13. **above :** *au-dessus, plus haut.* ≠ **Under, underneath.**
14. **to hand up :** *passer en tendant la main vers le haut.*
15. **presumably** = as one may presume : *vraisemblablement.*
16. **smouldering** (figuré) : se dit d'un feu qui couve, qui est mal éteint. *Couver des œufs :* to brood.
17. **to wrong somebody :** *nuire à qqun.*

Was it a chance[1] that the wood had slipped, and that the stone had shut Brunton into what had become his sepulchre ? Had she only been guilty[2] of silence as to[3] his fate ? Or had some sudden blow from her hand dashed the support away[4] and sent the slab crashing down into its place ? Be that as it might[5], I seemed to see that woman's figure still clutching at her treasure trove[6] and flying wildly up the winding stair, with her ears ringing perhaps with the muffled[7] screams from behind her and with the drumming[8] of frenzied[9] hands against the slab of stone which was choking[10] her faithless lover's life out.

"Here was the secret of her blanched[11] face, her shaken nerves, her peals of hysterical laughter[12] on the next morning. But what had been in the box ? What had she done with that ? Of course, it must have been the old metal and pebbles which my client had dragged from the mere. She had thrown them in there at the first opportunity to remove the last trace of her crime.

"For twenty minutes I had sat motionless, thinking the matter out. Musgraves still stood with a very pale face, swinging[13] his lantern and peering down into the hole.

" 'These are coins of Charles the First,' said he, holding out the few which had been in the box ; 'you see we were right in fixing our date for the Ritual.'

" 'We may find something else of Charles the First,' I cried, as the probable meaning of the first two questions of the Ritual broke suddenly upon[14] me.

---

1. **a chance** : *un hasard.* ▲ *Chance :* luck.
2. **guilty** : *coupable.* Guilt : *culpabilité.*
3. **as to** : *en ce qui concerne, quant à.*
4. **to dash the support away** : *éloigner* (away) *le support d'un geste vif* (dash).
5. **be that as it might** : litt. *être cela comme il ait pu.* C'est-à-dire : *quelles qu'aient pu être les circonstances.* Au présent : Be that as it may.
6. **treasure trove** : *l'endroit où se trouve le trésor.*
7. **muffled** : *assourdi, étouffé.*
8. **drum** : *un tambour.* The drumming : *le tambourinement.*
9. **frenzied** : *frénétique.* Frenzy : *une frénésie.*
10. **to choke** : *étouffer, suffoquer.*
11. **blanched** : *d'une pâleur maladive.*
12. **peals of hysterical laughter :** *les éclats d'un rire morbide,*

Est-ce par hasard que la bûche glissa et que la dalle retomba pour enfermer Brunton comme dans un sépulcre ? N'était-elle coupable que d'avoir tu cet accident ? Ou a-t-elle d'un coup violent repoussé le support afin que la dalle retombât en place ? Quoi qu'il en fût, il me semblait voir cette silhouette de femme, agrippant son trésor et fuyant comme une folle par l'escalier en colimaçon, les oreilles résonnant peut-être encore des cris étouffés, du tambourinage frénétique de mains affolées contre la dalle qui condamnait à l'asphyxie son infidèle amant.

Là était le secret de son visage livide, de ses nerfs ébranlés, de sa crise d'hystérie le lendemain matin. Mais que contenait le coffret ? Qu'en avait-elle fait ? Je pensai, bien sûr, aux vieux morceaux de métal et aux galets que mon client avait retirés de l'étang. Elle était allée les jeter à l'eau dès la première occasion afin d'effacer toute trace de sa forfaiture.

Pendant vingt minutes j'étais demeuré assis, plongé dans mes réflexions. Musgrave était encore debout, tout pâle. Il continuait à balancer sa lanterne au-dessus de la cavité.

« — Ce sont des pièces de monnaie du règne de Charles Ier », me dit-il en examinant les quelques spécimens qui étaient restés dans le coffret. « Vous voyez : nous avions raison en faisant remonter le rituel au milieu du XVIIe siècle.

« — Nous allons sans doute découvrir quelque chose d'autre de Charles Ier ! » m'écriai-je, car la signification probable des deux premières questions du rituel venait de me jaillir à l'esprit.

---

incontrôlable. **Peal of bells** : *carillon* ; **bells in full peal** : *cloches sonnant à toute volée*.
13. **to swing** (swung, swung) : *balancer*. **A swing** : *une balançoire*.
14. **to break** (broke, broken) : *casser, briser*. **To break upon** : *surprendre, saisir* (qqch., qqun). **To break up** : *interrompre*. **To break out** : *éclater, exploser*.

'Let me see the contents of the bag which you fished[1] from the mere.'

"We ascended[2] to his study, and he laid the débris before me. I could understand his regarding it[3] as of small importance when I looked at it, for the metal was almost black and the stones lustreless[4] and dull. I rubbed one of them on my sleeve, however, and it glowed[5] afterwards like a spark[6] in the dark hollow of my hand. The metal work was in the form of a double ring, but it had been bent and twisted out of its original shape[7].

" 'You must bear in mind[8],' said I, 'that the royal party[9] made head in England even after the death of the king, and that when they at last fled they probably left many of their most precious possessions buried[10] behind them, with the intention of returning for[11] them in more peaceful times.'

" 'My ancestor, Sir Ralph Musgrave, was a prominent Cavalier[12] and the right-hand man of Charles the Second in his wanderings,' said my friend.

" 'Ah, indeed !' I answered. 'Well now, I think that really should give us the last link[13] that we wanted. I must congratulate you on coming into the possession, though in rather a tragic manner, of a relic which is of great intrinsic value, but of even greater importance as an historical curiosity.'

" 'What is it, then ?' he gasped[14] in astonishment.

" 'It is nothing less than the ancient crown of the kings of England.'

---

1. **to fish** : *pêcher* (fish : *un poisson*).
2. **to ascend** : *monter, s'élever* (syn. to **walk up**).
3. **his regarding it** : *le fait qu'il le considère*. Regarding est un nom verbal (complément de **understand** en tant que nom, noyau de la proposition virtuelle, he regarded it as of small importance).
4. **lustreless** = without lustre : *sans lustre, terne* ≠ bright.
5. **to glow** : *briller d'un éclat discret, atténué*.
6. **spark** : *étincelle*. To sparkle : *étinceler*.
7. **out of shape** : *déformé*.
8. **to bear** (bore, born) **in mind** : *songer* (à qqch.) ; *garder présent à l'esprit, tenir compte de*.
9. **party** : a) *un parti politique* b) *une réunion* (ex. a garden party) c) *un groupe de personnes*.
10. **to bury** : *enterrer*. Burial : *un enterrement*.

« Permettez-moi d'examiner le contenu du sac que vous avez repêché dans l'étang. »

Nous remontâmes dans son bureau et il étala ce contenu devant moi. Je compris pourquoi il y avait attaché si peu d'importance, car le métal était presque noir et les pierres ternes et grisâtres. J'en frottai une contre ma manche et elle se mit à étinceler comme une braise dans le creux de ma main. Le métal ouvré avait la forme d'un double cercle, mais il avait été tordu et il avait perdu son dessin primitif.

« — Vous devez vous rappeler », lui dis-je, « que les royalistes gagnèrent du terrain même après la mort de Charles Ier. Mais lorsqu'ils durent s'enfuir, ils ont probablement laissé leurs biens les plus précieux dans des cachettes afin de les récupérer en des temps meilleurs.

« — Mon ancêtre, Sir Ralph Musgrave, était un gentilhomme de renom et le bras droit de Charles II dans ses pérégrinations », me répondit mon ami.

« — Vraiment ? Eh bien, je crois que cette précision va nous fournir le dernier maillon de la chaîne. Je dois d'abord vous féliciter d'être remis en possession, bien que dans des circonstances tragiques, d'une relique qui en elle-même est d'une grande valeur, mais qui, à titre de curiosité historique, est encore bien plus intéressante.

« — Qu'est-ce donc ? » me demanda-t-il stupéfait.

« — Rien de moins que l'ancienne couronne des rois d'Angleterre.

---

11. **to return for something** : *revenir* **(to return)** *chercher* **(for)** *qqch.*
12. La guerre civile qui aboutit à la dictature de Cromwell au milieu du XVIIe siècle opposa le parti cavalier, les royalistes, aux **Roundheads**, les « Têtes rondes », fidèles au Parlement.
13. **link** : *un lien, un chaînon.* **The missing link** : *le chaînon manquant* ; **cuff-links** : *boutons de manchettes.*
14. **to gasp** : *avoir le souffle coupé* sous l'effet d'une émotion ou d'un choc.

" 'The crown !'

" 'Precisely. Consider what the Ritual says : How does it run ? "Whose was it ?" "His who is gone." That was after the execution of Charles. Then, "Who shall have it ?" "He who will come." That was Charles the Second, whose advent[1] was already foreseen[2]. There can, I think, be no doubt that this battered[3] and shapeless diadem once encircled the brows[4] of the royal Stuarts.'

" 'And how came it[5] in the pond ?'

" 'Ah, that is a question that will take some time to answer.' And with that I sketched out[6] to him the whole long chain of surmise[7] and of proof[8] which I had constructed. The twilight had closed in and the moon was shining brightly in the sky before my narrative was finished.

" 'And how was it then that Charles did not get his crown when he returned ?' asked Musgrave, pushing back the relic into its linen bag.

" 'Ah, there you lay your finger upon[9] the one point which we shall probably never be able to clear up[10]. It is likely[11] that the Musgrave who held the secret died in the interval, and by some oversight[12] left this guide to his descendant without explaining the meaning of it.

---

1. **advent** : *avènement*. Event : *événement*.
2. **to foresee** (foresaw, foreseen) : *prévoir*. Foreseeable : *prévisible* (≠ **unforeseeable**).
3. **battered** : *meurtri, martelé, roué de coups*. Battered wives : *les femmes battues*.
4. **brows** [brauz] : euphémisme pour **heads**. Au sens figuré et au singulier, **brow** apparaît dans les adjectifs **highbrow** = *intellectuel, sophistiqué*, **middle brow** = *peu intellectuel, facile à lire ou à comprendre*.
5. **how came it ?** : forme volontairement archaïque pour **how did it come ?**
6. **to sketch out** : *esquisser, dessiner à grands traits. Un sketch* (spectacle) : **a one-act play, an interlude**.
7. **surmise** : *des suppositions, des hypothèses*. Syn. : **assumptions**.
8. **proof** : *des preuves* ou *la preuve*. Au sens de *à l'épreuve de*, **proof** devient suffixe dans des adjectifs tels que : **rainproof** : *imperméable*, **windproof** : *coupe-vent*, **soundproof** : *insonorisé*, **waterproof** : *étanche*, etc.

« — La couronne !

« — Mais oui ! Reportez-vous au rituel. Que dit-il ? *« Qui en était possesseur ? »* *« Celui qui est parti. »* C'était après l'exécution de Charles Ier. Puis : *« Qui l'aura ? »* *« Celui qui doit venir. »* Il s'agissait de Charles II, dont l'avènement était déjà prévu. Je pense qu'il ne peut pas y avoir de doute : ce diadème informe et tout cabossé a jadis ceint la tête des rois Stuart.

« — Et comment est-il venu dans l'étang ?

« — Ah ! voilà une question dont la réponse exige un peu de temps... »

Sur quoi je lui décrivis la longue série des conjectures et des preuves que j'avais construite. Le crépuscule était tombé et la lune brillait au firmament avant la fin de mon récit.

« — Dans ces conditions », demanda Musgrave en replaçant la relique dans le sac de toile, « comment se fait-il que Charles ne reprit pas sa couronne à la restauration de la monarchie ?

« — Ah ! vous avez mis le doigt sur un détail que nous ne pourrons sans doute jamais élucider ! Il est vraisemblable que le Musgrave dépositaire du secret mourut entre-temps et que par inadvertance il transmit ces indications à son descendant sans lui en expliquer le sens.

---

9. **you lay your finger upon** (ou **on**) : *vous touchez du doigt* ; se rappeler qu'en anglais les parties du corps (ici **finger**) sont couramment précédées d'un adjectif possessif.

10. **to clear up :** a) *élucider, expliquer* b) *dégager, ranger, faire de la place.* **A clearing** : *une clairière.* **A clearing up** : *un rangement, un inventaire.*

11. **to be likely :** *être dans l'ordre des probabilités.* Autre construction possible : **You are not likely to meet him** : *il y a peu de chances que vous le rencontriez* (litt. *vous êtes peu probable de le rencontrer*). **Likely** : *probable* ≠ **unlikely** : *improbable*.

12. **oversight** : *négligence, oubli, omission.* **To oversee (oversaw, overseen)** : *ne pas voir, négliger.* Syn. : **to overlook**.

From that day to this[1] it has been handed down from father to son[2], until at last it came within reach of[3] a man who tore its secret out[4] of it and lost his life in the venture[5].'

"And that's the story of the Musgrave Ritual, Watson. They[6] have the crown down at Hurlstone — though they had some legal bother[7] and a considerable sum to pay before they were allowed to retain[8] it. I am sure that if you mentioned my name they would be happy to show it to you. Of the woman nothing was ever heard, and the probability is that she got away out of[9] England and carried herself and the memory of her crime to some land beyond the seas."

---

1. **from that day to this** : sous-entendu to this day. That désigne l'objet le plus lointain *(cela)* et this l'objet le plus proche *(ceci)*.
2. **to hand down from father to son** : *transmettre de père en fils*. Les prépositions down, from, ... to marquent la descendance.
3. **within reach of** : *à portée de* ; ≠ out of reach of : *hors de portée de*.
4. **to tear (tore, torn) out** : *arracher*. To tear out of : *arracher à*.
5. **venture** : *une entreprise* (doublet de adventure). To venture : *se permettre de* (dire, penser qqch.). Ex. I ventured to suggest that she ought to consult a doctor : *je me hasardai à lui suggérer de consulter un médecin*.

De ce jour jusqu'à aujourd'hui elles ont été transmises de père en fils pour finalement tomber entre les mains de l'homme qui en perça le secret et qui perdit la vie dans cette aventure. »

Et voilà, Watson, l'histoire du rituel des Musgrave. La couronne est restée à Hurlstone en dépit de certaines difficultés légales et d'une somme considérable que Reginald Musgrave dut verser pour avoir le droit de la conserver. Je suis sûr que si vous alliez là-bas de ma part, on serait heureux de vous la montrer. De la femme, personne n'a jamais eu de nouvelles. Elle a très probablement quitté l'Angleterre pour se réfugier avec ses remords quelque part de l'autre côté des mers.

---

6. **they** : *eux, ils.*
7. **legal bother** : *complications légales.* **To bother** : *ennuyer, importuner.* I can't be bothered (fam.) : *je m'en fiche, je ne veux pas m'en occuper.*
8. **to retain** = to keep (kept, kept).
9. **to get** (got, got) **away out of somewhere** : *fuir un endroit, s'en échapper.* A getaway : *une évasion ou un évadé.*

The Final Problem

Le Problème final

It is with a heavy heart that I take up my pen to write these the last[1] words in which I shall ever record[2] the singular gifts[3] by which my friend Mr. Sherlock Holmes was distinguished. In an incoherent and, as I deeply feel, an entirely inadequate fashion, I have endeavored to give some account of my strange experiences in his company from the chance which first brought us together at the period of the "Study in Scarlet[4]," up to the time of his interference[5] in the matter of the "Naval Treaty" — an interference which had the unquestionable[6] effect of preventing a serious international complication. It was my intention to have stopped there, and to have said nothing of that event[7] which has created a void[8] in my life which the lapse[9] of two years has done little to fill[10]. My hand has been forced, however, by the recent letters in which Colonel James Moriarty defends the memory of his brother, and I have no choice but[11] to lay the facts before the public exactly as they occurred[12]. I alone know the absolute truth of the matter, and I am satisfied that the time has come when no good purpose[13] is to be served by its suppression. As far as I know, there have been only three accounts in the public press : that in the "Journal de Genève"
on May 6th, 1891, the Reuter's despatch in the English papers[14] on May 7th, and finally the recent letters to which I have alluded. Of these the first and second were extremely condensed, while[15] the last is, as I shall now show, an absolute perversion of the facts.

---

1. **these the last :** m.à.m. *celles-ci les dernières*. Forme emphatique, car l'article et le démonstratif se renforcent mutuellement.
2. **to record :** *enregistrer*. Record : *un enregistrement* ou *un record*.
3. **gift :** *un don* ou *un présent*.
4. **Study in Scarlet :** m.à.m. *Étude en écarlate*. C'est le titre du premier récit de Sherlock Holmes (1888), traduit en français sous le titre de *Étude en rouge*.
5. **interference :** *intervention* ou *interférence*.
6. **unquestionable :** *indubitable*. Questionable : *douteux*. To question : *questionner* ou *mettre en doute*.

C'est le cœur lourd que je prends ma plume pour évoquer une dernière fois les talents prestigieux qui firent de mon ami Mr. Sherlock Holmes un être exceptionnel. Non sans incohérence et, j'en suis profondément pénétré, d'une manière indigne, j'ai tenté de relater quelques-unes des étranges aventures que j'ai vécues en sa compagnie depuis que le hasard nous réunit à l'époque d'*Étude en rouge* jusqu'aux jours où il intervint dans l'affaire du *Traité naval*, intervention dont nul ne conteste qu'elle nous épargna de graves complications internationales. J'avais eu l'intention de m'arrêter là et de ne rien dire de l'événement qui a creusé dans mon existence un vide que deux années n'ont absolument pas comblé. Toutefois, les dernières lettres à la presse, dans lesquelles le colonel James Moriarty défend la mémoire de son frère, me forcent la main. Je me vois contraint d'exposer au public les faits tels qu'ils se sont déroulés. Moi seul connais la vérité totale sur cette affaire. La taire aujourd'hui ne servirait que l'injustice.

Pour autant que je sache, trois récits seulement ont paru dans la presse : celui du *Journal de Genève* le 6 mai 1891, la dépêche Reuter qu'ont publiée les journaux anglais du 7 mai et enfin les lettres récentes auxquelles j'ai fait allusion. Les deux premiers ont été fortement condensés et le dernier n'est, comme je le montrerai, rien d'autre qu'une affabulation.

---

7. **event :** *un événement.* **Eventful :** *fertile en événements* (≠ uneventful).
8. **void :** *un vide.*
9. **lapse :** *un laps de temps.*
10. **to fill :** *remplir.* **A filling station** : *une station-service* (m.à.m. *de remplissage*).
11. **no choice but :** *aucun autre choix que celui de...*
12. **to occur :** *se produire, arriver* (un événement).
13. **no good purpose :** m.à.m. *aucun bon objectif.*
14. **paper**, pour **newspaper** : *un journal.* ⚠ **A paper man** ne veut pas dire *un homme en papier,* mais *un journaliste* !
15. **while :** *tandis que, alors que.*

It lies with me to[1] tell for the first time what really took place between Professor Moriarty and Mr. Sherlock Holmes.

It may be remembered that after my marriage, and my subsequent start in private practice, the very intimate relations which had existed between Holmes and myself became to some extent[2] modified. He still came to me from time to time when he desired a companion in his investigations, but these occasions grew[3] more and more seldom[4], until I find that in the year 1890 there were only three cases of which I retain any record. During the winter of that year and the early spring of 1891, I saw in the papers that he had been engaged[5] by the French government upon a matter[6] of supreme importance, and I received two notes from Holmes, dated from Narbonne and from Nîmes, from which I gathered that his stay in France was likely[7] to be a long one. It was with some surprise, therefore, that I saw him walk into my consulting-room upon the evening of April 24th. It struck me that he was looking even paler and thinner than usual.

"Yes, I have been using myself up rather too freely[8]," he remarked, in answer to my look rather than to my words ; "I have been a little pressed[9] of late[10]. Have you any objection to my closing your shutters ?"

The only light in the room came from the lamp upon the table at which I had been reading. Holmes edged his way[11] round the wall and flinging the shutters together, he bolted them securely[12].

"You are afraid of something ?" I asked.

---

1. **it lies with me :** m.à.m. *il repose avec moi.* To lie, lay, lain (intrans.) : *être couché, reposer immobile, inerte.*
2. **to some extent :** *dans une certaine mesure.*
3. **to grow** (grew, grown) : *pousser, croître, devenir.* Growth : *la croissance.*
4. **seldom :** *rare* ou *rarement.*
5. **to engage :** *engager, retenir à son service.* To be engaged a également le sens de *être fiancé.* Engagement ring : *un anneau de fiançailles.*
6. **upon** (ou **on**) **a matter :** *au sujet d'une question, d'une affaire.*
7. **likely** exprime la probabilité. Ex. : you are likely to find him at home now : *vous avez des chances de le trouver chez lui maintenant.*

Il m'appartient donc de rapporter pour la première fois ce qui s'est exactement passé entre le professeur Moriarty et Mr. Sherlock Holmes.

On se rappelle peut-être qu'après mon mariage et l'installation subséquente de mon cabinet médical, les relations très intimes qui avaient existé entre Holmes et moi se modifièrent dans une certaine mesure. De temps à autre il venait me chercher quand il avait besoin d'un compagnon pour ses enquêtes. Mais ces occasions se raréfièrent au point qu'en 1890, il y a seulement trois affaires dont j'ai conservé une trace écrite. Pendant l'hiver de cette année et le début du printemps de 1891 j'avais lu dans la presse que le gouvernement français l'avait chargé d'une mission capitale. J'avais reçu de Holmes deux billets, datés, l'un de Narbonne, l'autre de Nîmes, d'où j'avais déduit que son séjour en France serait vraisemblablement de longue durée. C'est donc avec un certain étonnement que je le vis entrer dans mon cabinet de consultation le 24 avril au soir. Je remarquai qu'il paraissait encore plus blanc et plus maigre que d'habitude.

— Oui ! je n'ai guère ménagé mes forces, fit-il, en réponse à mon regard plutôt qu'à mes paroles. J'ai été un peu bousculé ces temps-ci. Verriez-vous un inconvénient à fermer les volets ?

La seule lumière de la pièce provenait de ma lampe de bureau, car je lisais. Sans attendre, Holmes longea le mur, saisit les volets et les fixa solidement.

— Vous craignez quelque chose ?

---

8. **too freely :** *trop librement*, c'est-à-dire *excessivement, sans ménagements*.
9. **a little pressed :** *un peu* (plutôt) *sous pression*. ▲ *Être pressé* (par le temps) : **to be in a hurry**. *Presser un citron :* **to squeeze a lemon**.
10. **of late :** *récemment, ces derniers temps*. Syn. : **lately**.
11. **to edge one's way :** *avancer en suivant un rebord* (**edge**). **The water's edge :** *le bord de l'eau*.
12. **to bolt securely :** *verrouiller solidement*. **A bolt :** a) *un verrou, un cadenas* b) *un coup de foudre* c) *un carreau d'arbalète* d) *un boulon (une vis :* **a nut**).

"Well, I am."

"Of what ?"

"Of air-guns."

"My dear Holmes, what do you mean ?"

"I think that you know me well enough, Watson, to understand that I am by no means[1] a nervous man. At the same time, it is stupidity rather than courage to refuse to recognize danger when it is close upon[2] you. Might I trouble you[3] for a match ?" He drew in the smoke of his cigarette as if the soothing influence[4] was grateful[5] to him.

"I must apologize for calling[6] so late," said he, "and I must further beg you to be so unconventional as to allow me to leave your house presently by scrambling[7] over your back garden wall."

"But what does it all mean ?" I asked.

He held out his hand, and I saw in the light of the lamp that two of his knuckles were burst[8] and bleeding[9].

"It's not an airy nothing[10], you see," said he, smiling. "On the contrary, it is solid enough for a man to break his hand over. Is Mrs. Watson in ?"

"She is away[11] upon a visit."

"Indeed ! You are alone ?"

"Quite."

"Then it makes it the easier[12] for me to propose that you should come away with me for a week to the Continent."

"Where ?"

"Oh, anywhere. It's all the same to me[13]."

---

1. **by no means :** *absolument pas, pas du tout.*
2. **close upon :** *tout près, qui vous serre de près.*
3. **to trouble :** *importuner.* Formule de politesse : May I trouble you for... ? *Pourriez-vous me passer... ?*
4. **soothing influence :** *une influence apaisante.* To soothe : *calmer, apaiser.*
5. **grateful :** *reconnaissant.* ≠ Ungrateful. Gratitude : *gratitude.*
6. **to call :** a) *appeler* b) *téléphoner* c) *rendre visite* d) *faire escale.*
7. **to scramble :** *grimper, escalader maladroitement, se hisser tant bien que mal.* Scrambled eggs : *œufs brouillés.*
8. **to burst** (burst, burst) : *éclater, exploser.*
9. **to bleed :** *saigner.* Blood : *sang.*
10. **airy nothing :** m.à.m. *un rien aérien,* c'est-à-dire, quelque

— Oui, j'ai peur.
— De quoi ?
— De fusils à air comprimé.
— Mon cher Holmes, que voulez-vous dire ?

— Je pense que vous me connaissez assez, Watson, pour reconnaître que je ne suis pas du tout impressionnable. Par ailleurs ce n'est pas être courageux, mais c'est être stupide que de refuser de croire au danger quand il vous menace de près. Auriez-vous une allumette ?

Il aspira une grande bouffée de fumée, comme si elle pouvait avoir une influence apaisante sur lui.

— Je vous dois des excuses pour une visite si tardive, reprit-il. Et j'irai jusqu'à vous prier de faire fi des conventions pour m'autoriser à quitter bientôt votre maison en escaladant le mur du jardin.

— Enfin, qu'est-ce que cela signifie ?

Il me tendit une main et je vis à la lumière de la lampe que deux de ses articulations étaient rompues et saignaient.

— Ceci n'est pas le fruit de mon imagination, dit-il en souriant. Au contraire, c'était assez solide pour que l'on manquât de s'y briser la main. Mrs. Watson est-elle ici ?

— Elle est absente et rend visite à une amie.

— Vraiment ? Vous êtes seul ?

— Tout à fait seul.

— Alors je suis plus à l'aise pour vous proposer de partir avec moi passer une semaine sur le continent.

— Où ?

— N'importe où ; je n'ai pas de préférence.

---

chose d'insubstantiel. L'expression a pour origine un passage du *Songe d'une nuit d'été* de Shakespeare.
11. **away** : *loin d'ici, à distance*. Une équipe de football joue tantôt **home** (sur son terrain), tantôt **away** (en déplacement).
12. **the easier :** *d'autant plus facile*. **The** n'est pas ici un article mais la survivance d'une modalité « instrumentale » que possédait le vieil anglais.
13. **it's all the same to me :** *pour moi c'est du pareil au même*. Same : *pareil, semblable, même, équivalent de*. Ex. : **I would have done exactly the same thing** : *j'aurais agi exactement de la même façon*.

There was something very strange in all this. It was not Holmes's nature to take an aimless[1] holiday, and something about his pale, worn[2] face told me that his nerves were at their highest tension. He saw the question in my eyes, and, putting his finger-tips[3] together and his elbows upon his knees, he explained the situation.

"You have probably never heard of Professor Moriarty ?" said he.

"Never."

"Aye, there's the genius and the wonder of the thing !" he cried. "The man[4] pervades[5] London, and no one has heard of him. That's what puts him on a pinnacle[6] in the records of crime. I tell you, Watson, in all seriousness[7], that if I could beat that man, if I could free society of[8] him, I should feel that my own career had reached its summit, and I should be prepared to turn to some more placid line in life[9]. Between ourselves, the recent cases in which I have been of assistance to the royal family of Scandinavia, and to the French republic, have left me in such a position that[10] I could continue to live in the quiet fashion which is most congenial[11] to me, and to concentrate my attention upon my chemical researches. But I could not rest, Watson, I could not sit quiet[12] in my chair, if I thought that such a man as[13] Professor Moriarty were[14] walking the streets of London unchallenged[15]."

"What has he done, then ?"

"His career has been an extraordinary one. He is a man of good birth and excellent education, endowed by nature with a phenomenal mathematical faculty.

---

1. **aimless :** *sans but.* Aim : *un objectif.* To aim : *viser.* Syn. goal (mais on ne peut pas dire goalless). *Une cible :* a target.
2. **to wear** (wore, worn) : a) *porter* (un vêtement) b) *user.*
3. **finger-tips :** *le bout des doigts.* Tip : *une extrémité effilée.* To tip : *faire pencher d'un côté, déséquilibrer, faire basculer.*
4. **the man :** m.à.m. *l'homme.* Mais l'article a souvent une valeur démonstrative, avec une nuance tantôt péjorative et tantôt admirative.
5. **to pervade :** *se répandre insidieusement* (comme une odeur, un effluve).
6. **pinnacle :** *un pinacle, un sommet.*
7. **in all seriousness :** m.à.m. *en tout sérieux.*
8. **to free of :** *délivrer de, débarrasser de.* Freedom : *la liberté.*
9. **placid line in life :** placid : *calme, inoffensif, sans danger.* Line : *la ligne* ou *la profession, l'occupation.*

Tout cela était bien étrange. Je n'avais guère l'habitude de voir Holmes se prélasser en vacances. Par ailleurs, la pâleur de son visage et de ses traits crispés me révélaient une extrême tension nerveuse. Il lut une interrogation dans mon regard : joignant les extrémités de ses doigts et, posant les coudes sur ses genoux, il entreprit de m'expliquer la situation.

— Sans doute n'avez-vous jamais entendu parler du professeur Moriarty ?

— Jamais !

— Oui : voilà bien le côté génial et admirable de l'affaire ! Cet homme règne sur Londres et personne n'a jamais entendu parler de lui. C'est ce qui fait de lui un personnage hors série dans les annales du crime. Watson, je vous affirme solennellement que si je pouvais vaincre cet homme, si je pouvais en débarrasser la société, ma carrière serait comblée et je consentirais à exercer une activité moins mouvementée. De vous à moi, les récentes affaires où j'ai aidé la famille royale de Scandinavie et la République française m'ont procuré de quoi terminer mon existence le plus paisiblement du monde, de la manière que j'aime, en consacrant toute mon attention à des recherches chimiques. Mais je ne pourrais pas me reposer, Watson ! Je ne pourrais pas rester tranquille sur mon fauteuil à l'idée qu'un homme comme le professeur Moriarty se promène dans les rues de Londres sans être inquiété.

— Qu'a-t-il donc fait ?

— Il a connu une extraordinaire carrière. C'est un homme d'une bonne extraction, très cultivé et doté par la nature de dons phénoménaux en mathématiques.

---

10. **such... that :** *tel(telle) que, de telle sorte que.* That annonce la conséquence. S'il s'agit de citer en exemple, on emploie la forme **such as**. *Une ville comme Paris :* **a city such as Paris**.

11. **congenial :** *qui correspond à son goût, que l'on trouve agréable, sympathique.* ≠ **Uncongenial**.

12. **to sit** (sat, sat) **quiet** [kwaiət] : *être assis tranquille.* **Quietly :** *tranquillement.*

13. **such a man as :** cf. note 10.

14. **if... were :** were est une forme facultative (mais recommandée...) du conditionnel.

15. **unchallenged :** m.à.m. *sans être défié.* **To challenge :** *lancer un défi.* **The challenger :** *le challenger, celui qui lance le défi, qui conteste le tenant du titre.*

At the age of twenty-one he wrote a treatise upon the Binomial Theorem, which has had a European vogue. On the strength of it[1] he won[2] the Mathematical Chair at one of our smaller universities, and had, to all appearances[3], a most brilliant career before him. But the man had hereditary tendencies of the most diabolical kind. A criminal strain[4] ran in his blood, which, instead of being modified, was increased and rendered infinitely more dangerous by his extraordinary mental powers. Dark rumors gathered[5] round him in the university town, and eventually he was compelled to resign his chair and to come down to London, where he set up as an army coach[6]. So much is known[7] to the world, but what I am telling you now is what I have myself discovered.

"As you are aware, Watson, there is no one who knows the higher criminal world[8] of London so well as I do. For years past I have continually been conscious of some power behind the malefactor, some deep organizing power which forever[9] stands in the way of the law, and throws its shield[10] over the wrong-doer[11]. Again and again[12] in cases of the most varying sorts — forgery cases[13], robberies, murders — I have felt the presence of this force, and I have deduced its action in many of those undiscovered crimes in which I have not been personally consulted.

---

1. **on the strength of it :** *c'est ce qui lui valut* (m.à.m. *sur la force de cela*). **Strength :** *la force* (cf. **length :** *la longueur*, **width :** *la largeur*, **breadth :** *l'épaisseur*).
2. **to win** (won, won) : *gagner* (≠ **to lose,** lost, lost : *perdre*). **The winnings :** *les gains obtenus au jeu* (**the earnings :** *les gains provenant du travail*).
3. **to all appearances :** *selon toute apparence.*
4. **a criminal strain :** *une veine criminelle.* **Strain** ou **streak :** *une veine* au sens de *filon.* Le groupe **str** est souvent lié à la notion d'enchaînement ou d'étirement (cf. **strap :** *ceinture* ; **stream :** *coulée, courant* ; **stretch :** *allongement* ; **string :** *ficelle* ; **strip :** *bandelette,* etc.).
5. **to gather :** *s'assembler, se rejoindre.* **A gathering of people :** *un rassemblement.* **To gather** possède un sens dérivé très fréquemment employé, celui de *comprendre* (sous-entendu : au dire d'informations reçues). Ex. : **I gathered that they were engaged :** *j'ai cru comprendre qu'ils étaient fiancés.*

A vingt et un ans il a écrit sur le binôme de Newton un traité qui a connu un retentissement dans toute l'Europe et lui a valu d'obtenir la chaire de mathématiques dans l'une de nos petites universités. En apparence son avenir s'annonçait extrêmement brillant. Mais son sang charriait des instincts diaboliques. Au lieu de combattre ses tendances criminelles il leur a permis de s'épanouir de la plus dangereuse façon grâce à ses extraordinaires facultés intellectuelles. Dans sa ville universitaire des rumeurs sinistres ont commencé à circuler. Il dut démissionner et vint s'établir à Londres en qualité de professeur au service de l'armée. Voilà ce que connaît le public, mais voici ce que j'ai découvert.

Comme vous le savez, Watson, personne mieux que moi ne connaît le gratin du monde du crime à Londres. Depuis des années j'avais l'impression que derrière les malfaiteurs œuvrait une puissance occulte parfaitement organisée, qui entravait l'action de la justice et qui étendait son bouclier protecteur au-dessus des coupables. Mainte et mainte fois, dans des affaires très diverses (histoires de faussaires, cambriolages, assassinats), j'avais perçu la présence de cette force et j'en avais découvert l'efficacité dans un certain nombre de ces crimes jamais éclaircis et à propos desquels on ne m'avait pas consulté.

---

6. **an army coach :** *un instructeur militaire* (et non *un coche* !) ; **a tennis coach :** *un moniteur de tennis.* **To coach someone :** *entraîner qqun, lui donner des leçons particulières.*

7. **so much is known :** m.à.m. *on en connaît autant* (sous-entendu : pas davantage).

8. **the higher criminal world :** higher et non highest car on compare implicitement deux termes (high et low).

9. **forever** ou **for ever :** *à jamais.*

10. **shield :** *bouclier, protection.* Windshield (ou windscreen) : *un pare-brise* ; windshield wipers : *des essuie-glaces.*

11. **wrong-doer** ou **evil-doer :** *malfaiteur, personnage malfaisant.*

12. **again and again :** *sans cesse, inlassablement.*

13. **forgery cases :** *des affaires de faux.* **To forge :** *falsifier.*

For years I have endeavored to break through the veil which shrouded[1] it, and at last the time came when I seized my thread and followed it, until it led me, after a thousand cunning windings[2], to ex-Professor Moriarty of mathematical celebrity.

"He is the Napoleon of crime, Watson. He is the organizer of half that is evil and of nearly all that is undetected[3] in this great city. He is a genius, a philosopher, an abstract thinker. He has a brain of the first order. He sits motionless[4], like a spider in the centre of its web[5], but that web has a thousand radiations, and he knows well every quiver[6] of each of them. He does little himself. He only plans. But his agents are numerous and splendidly organized. Is there a crime to be done, a paper to be abstracted[7], we will say, a house to be rifled[8], a man to be removed — the word is passed to the Professor, the matter is organized and carried out. The agent may be caught. In that case money is found for his bail[9] or his defence. But the central power which uses the agent is never caught — never so much as suspected. This was the organization which I deduced, Watson, and which I devoted my whole energy to exposing[10] and breaking up.

"But the Professor was fenced[11] round with safeguards so cunningly devised that, do what I would[12], it seemed impossible to get evidence[13] which would convict in a court of law[14]. You know my powers, my dear Watson, and yet at the end of three months I was forced to confess that I had at last met an antagonist who was my intellectual equal.

---

1. **to shroud** : *envelopper pour dissimuler.* A shroud : *un linceul.*
2. **cunning windings** : *d'habiles méandres.* To wind ['waɪnd], wound ['waund], wound : *sinuer.*
3. **undetected** : *demeuré insoupçonné, non découvert.*
4. **motionless** : *immobile.* Motion : *un mouvement ;* gesture : *un geste. Faire adopter une motion* (dans un meeting) : to carry a motion.
5. **web** : *une toile* (sous-entendu d'araignée). On dit aussi cobweb. Webbing : *des sangles, une toile à sangles.*
6. **every quiver** : *chaque frémissement.* To quiver : *frémir.*
7. **to be abstracted** : *être subtilisé* (syn. to be stolen).
8. **to rifle** : *piller.* A rifle : *un fusil* ou *une carabine.*

Depuis des années je m'efforçais de percer le voile qui l'entourait. Le jour est enfin venu où j'ai saisi le bon fil : en suivant mille détours ingénieux je l'ai remonté jusqu'à l'ex-professeur Moriarty, le célèbre mathématicien.

Il est le Napoléon du crime, Watson. Il est l'organisateur de la moitié des forfaits perpétrés dans cette métropole et de presque tous ceux qui y demeurent impunis. C'est un génie, un philosophe, un penseur abstrait. Il possède un cerveau de premier ordre. Il reste immobile comme l'araignée au centre de sa toile, mais c'est une toile aux mille ramifications et il perçoit les vibrations de chacun des fils. Il agit rarement par lui-même. Il élabore seulement des plans. Mais ses agents sont innombrables et merveilleusement organisés. S'agit-il de commettre un assassinat, de soustraire un document, de piller une maison, de faire disparaître quelqu'un ? On soumet l'affaire au professeur, qui la prépare et laisse à d'autres le soin de l'exécuter. Il se peut que l'agent soit pris et en ce cas on trouve l'argent nécessaire pour sa caution ou pour sa défense. Mais le pouvoir central qui utilise cet agent n'est jamais pris et même jamais soupçonné. Telle était l'organisation que mes déductions m'avaient fait découvrir, Watson, et que je consacrais toute mon énergie à démasquer et à anéantir.

Mais le professeur était protégé par un système si ingénieux que, quoi que je fisse, il semblait impossible d'obtenir des témoignages suffisants pour le faire inculper. Vous connaissez mes facultés, mon cher Watson, et pourtant au bout de trois mois il m'a fallu admettre que j'avais enfin rencontré un adversaire qui était mon égal sur le plan intellectuel.

---

9. **bail :** *caution* exigée pour la mise en liberté provisoire d'un inculpé et dont le magistrat fixe le montant.

10. **to expose :** *exposer* ou *démasquer.*

11. **to fence :** *effectuer une passe d'armes ;* fencing : *l'escrime.* **To fence somebody in :** *enfermer qqun à clé* (a fence : *un enclos*).

12. **do what I would** (au présent : **do what I will**) : *quoi que j'aie pu faire.*

13. **evidence :** *preuves, témoignages, pièces à conviction.* Au sing. : a piece of evidence.

14. **a court of law** (ou law court) : *un tribunal.*

My horror at his crimes was lost in my admiration at his skill[1]. But at last he made a trip[2] — only a little, little trip — but it was more than he could afford[3], when I was so close upon him. I had my chance, and, starting from that point, I have woven my net[4] round him until now it is all ready to close. In three days — that is to say, on Monday next — matters will be ripe[5], and the Professor, with all the principal members of his gang, will be in the hands of the police. Then will come the greatest criminal trial[6] of the century, the clearing up[7] of over forty mysteries, and the rope[8] for all of them; but if we move at all prematurely, you understand, they may slip out[9] of our hands even at the last moment.

"Now, if I could have done this without the knowledge of Professor Moriarty, all would have been well. But he was too wily[10] for that. He saw every step which I took to draw my toils[11] round him. Again and again he strove to break away, but I as often[12] headed him off[13]. I tell you, my friend, that if a detailed account of that silent contest could be written, it would take its place as the most brilliant bit of thrust-and-parry[14] work in the history of detection. Never have I risen to such a height, and never have I been so hard pressed[15] by an opponent. He cut deep[16], and yet I just undercut[17] him. This morning the last steps were taken, and three days only were wanted to complete the business. I was sitting in my room thinking the matter over, when the door opened and Professor Moriarty stood before me.

---

1. **skill** : *adresse, dextérité*. Skilled labour : *main-d'œuvre qualifiée*.
2. **trip** : a) *un bref voyage, un « saut »* b) *un faux pas*. To trip somebody : *faire un croc-en-jambe à qqun*.
3. **to afford** : *avoir les moyens, les ressources* (pour effectuer une dépense), *se permettre*.
4. **net** : *un filet*. To net : *récolter* (« ramasser dans ses filets »).
5. **matters will be ripe** : m.à.m. *les affaires seront mûres*.
6. **trial** : *un procès*. To try : a) *essayer, tester* b) *juger, faire comparaître en jugement*.
7. **to clear up** : a) *élucider, expliquer* b) *quitter un lieu, faire place nette*.
8. **rope** : *une corde* (c'est-à-dire la pendaison).
9. **to slip out** : *s'échapper, glisser entre les mailles du filet*. To

L'admiration que m'inspirait son adresse nuançait mon horreur à l'égard de ses forfaits. Mais il finit par commettre un faux pas, un minuscule faux pas, mais que, toutefois, il ne pouvait pas se permettre alors que je le serrais d'aussi près. J'ai saisi l'occasion et à partir de là, tissant mon filet, j'en ai resserré les mailles autour de lui. D'ici trois jours, c'est-à-dire lundi, le fruit sera mûr et avec tous ses lieutenants le professeur sera tombé aux mains de la police. Alors s'ouvrira le plus grand procès criminel du siècle, qui permettra de résoudre plus de quarante énigmes ! Ce sera la corde pour tous... mais si nous bougions prématurément, au dernier moment ils nous glisseraient entre les doigts.

Si j'avais pu en arriver là sans que Moriarty en eût le soupçon, ç'aurait été parfait. Mais il est bien trop malin. Il a observé chacun des pas que j'accomplissais en vue de le réduire. A plusieurs reprises il a tenté de me distancer, mais je ne manquais jamais de reprendre une longueur d'avance. Cher ami, je vous assure que si l'on pouvait écrire une relation de cette lutte silencieuse, ce serait la plus brillante histoire de détection. Jamais je n'avais atteint de tels sommets et jamais un adversaire ne m'avait serré de si près. Ses contres étaient superbes et je le surcontrais de justesse. Nous en étions ce matin aux ultimes préparatifs et nous étions à trois jours du succès final. J'étais assis dans mon cabinet de travail à réfléchir à cette affaire lorsque la porte s'ouvrit : le professeur Moriarty en personne se tenait devant moi.

---

give somebody the slip : *échapper à qqun, lui filer entre les doigts.*
10. **wily** : *rusé, avisé.*
11. **my toils** : *mes fils* (pour capter, pour enfermer). Autre sens de toil : *l'effort, la peine.*
12. **as often** : *aussi souvent, aussi fréquemment.*
13. **to head someone off** : *échapper* (off) *avec une tête d'avance à la poursuite d'un concurrent* (terme de course).
14. **thrust-and-parry** : m.à.m. *botte et parade.*
15. **to be hard pressed** : *être serré de près.*
16. **to cut** (cut, cut) **deep** (ou **deeply**) : *pratiquer une entaille profonde.*
17. **to undercut** : *entailler au-dessous.*

"My nerves are fairly proof[1], Watson, but I must confess to a start when I saw the very man who had been so much in my thoughts standing there on my threshold[2]. His appearance was quite familiar to me. He is extremely tall and thin, his forehead domes out[3] in a white curve, and his two eyes are deeply sunken in his head. He is clean-shaven[4], pale, and ascetic-looking, retaining something of the professor in his features. His shoulders are rounded from much study, and his face protrudes[5] forward, and is forever slowly oscillating from side to side in a curiously reptilian[6] fashion. He peered at me with great curiosity in his puckered[7] eyes.

" 'You have less frontal development than I should have expected,' said he, at last. 'It is a dangerous habit to finger[8] loaded firearms in the pocket of one's dressing-gown.'

"The fact is that upon his entrance I had instantly recognized the extreme personal danger in which I lay. The only conceivable escape for him lay in silencing my tongue. In an instant I had slipped the revolver from the drawer[9] into my pocket, and was covering him through the cloth[10]. At his remark I drew the weapon out and laid it cocked[11] upon the table. He still smiled and blinked[12], but there was something about his eyes which made me feel very glad that I had it there.

" 'You evidently don't know me,' said he.

" 'On the contrary', I answered, 'I think it is fairly evident that I do. Pray take a chair. I can spare[13] you five minutes if you have anything to say.'

---

1. **fairly proof :** *assez solides.* Fairly (adv. de manière) : *assez, suffisamment, relativement.* Proof : m.à.m. *à l'épreuve.* Bulletproof : *à l'épreuve des balles ;* rainproof : *imperméable,* etc.
2. **threshold :** *le seuil.*
3. **to dome out :** *se projeter, faire saillie* (out) *en forme de dôme.*
4. **clean-shaven :** *rasé de près.* Mais to shave *(raser, se raser)* est un verbe régulier, dont le part. passé est par conséquent shaved.
5. **to protrude :** *faire saillie.*
6. **reptilian :** *à la manière d'un reptile.*
7. **puckered :** *plissé, froncé, ratatiné.*
8. **to finger :** *toucher avec les doigts, tripoter.*
9. **drawer :** *un tiroir.* To draw, drew, drawn : a) *tirer* (syn. to pull) b) *dessiner.* ▲ Tirer (arme à feu) : to shoot, shot, shot.

J'ai les nerfs solides, Watson, mais je dois vous avouer que j'ai sursauté en voyant apparaître l'homme qui m'avait tellement préoccupé. Son physique m'était très familier. Il est extrêmement grand et mince. Son front s'élance dans une courbe blanche. Il a les yeux profondément enfoncés. Il est imberbe et pâle ; il a des traits ascétiques et un air professoral. Ses épaules sont voûtées par l'étude. Il a un visage projeté en avant et qui oscille d'un côté à l'autre, faisant ainsi songer à un serpent. Il me regardait entre ses paupières plissées avec une vive curiosité.

« — Votre développement frontal est moins accusé que je ne l'imaginais ! » dit-il enfin. « Mais c'est une manie dangereuse que de tripoter des armes à feu chargées dans la poche de sa robe de chambre ! »

De fait, à peine était-il entré que j'avais immédiatement deviné le danger que je courais. La seule manière pour lui de s'en tirer était de me réduire au silence. J'avais donc immédiatement glissé dans ma poche le revolver que je gardais dans mon tiroir et je le gardais bien en main, pointé dans sa direction à travers l'étoffe. Ses paroles me firent poser l'arme sur la table. Les yeux plissés, il gardait le sourire. Mais il y avait dans son regard quelque chose qui rendait très rassurante la proximité de mon arme.

« — Visiblement », dit-il, « vous ne savez pas quel homme je suis.

— Au contraire, il est visible que je vous connais bien. Prenez la peine de vous asseoir. Je puis vous consacrer cinq minutes si vous avez quelque chose à dire.

---

10. **cloth** : *étoffe de drap*.
11. **cocked** : *prêt à tirer* (sans le verrou de sécurité).
12. **to blink** : *plisser les paupières* sous l'effet d'une vive lumière (cligner des yeux) ou d'un large sourire.
13. **to spare** : 1) *épargner* (ex. : spare me your comments : *dispensez-moi de vos commentaires*) b) *accorder qqch.* dont on a les moyens de se séparer (ex. : **can you spare a cigarette ?** : *tu n'aurais pas une cigarette* (à m'offrir) ?). **Spare money** : *l'épargne, les économies* (cf. allemand **die Spaarkasse** : *la caisse d'épargne*).

" 'All that I have to say has already crossed your mind[1],' said he.

" 'Then possibly my answer has crossed yours,' I replied.

" 'You stand fast[2] ?'

" 'Absolutely.'

"He clapped his hand into his pocket[3], and I raised the pistol from the table. But he merely drew out a memorandum-book in which he had scribbled[4] some dates.

" 'You crossed my path[5] on the 4th of January,' said he. 'On the 23d you incommoded me ; by the middle of February I was seriously inconvenienced[6] by you ; at the end of March I was absolutely hampered[7] in my plans ; and now, at the close of April, I find myself placed in such a position through your continual persecution that I am in positive danger of losing my liberty. The situation is becoming an impossible one.'

" 'Have you any suggestion to make ?' I asked.

" 'You must drop[8] it, Mr. Holmes,' said he, swaying his face about. 'You really must, you know.'

" 'After Monday,' said I.

" 'Tut, tut,' said he. 'I am quite sure that a man of your intelligence will see that there can be but one[9] outcome[10] to this affair. It is necessary that you should withdraw. You have worked things in such a fashion that we have only one resource left. It has been an intellectual treat[11] to me to see the way in which you have grappled with[12] this affair, and I say, unaffectedly, that it would be a grief[13] to me to be forced to take any extreme measure.

---

1. **to cross one's mind :** *vous venir à l'esprit.*
2. **to stand** (stood, stood) **fast :** *tenir bon, ne pas bouger d'un pouce.* Syn. (plus imagé) : to stick (stuck, stuck) to one's guns (m.à.m. *coller à ses fusils*).
3. **to clap one's hand into one's pocket :** *mettre rapidement* (clap) *la main dans* (into) *la poche.* A clap of thunder : *un coup de tonnerre.* A clap of applause : *un tonnerre d'applaudissements.*
4. **to scribble :** *gribouiller, griffonner.*
5. **to cross somebody's path :** *se mettre en travers de qqun, lui barrer la route.*
To cross possède donc les sens suivants : a) *traverser* (cf. note 1) et b) *contrarier, s'opposer à.* ⚠ To be cross with someone : *être fâché contre, en vouloir à qqun.*

— Tout ce que je puis vous dire, vous a déjà traversé l'esprit.
— Auquel cas ma réponse a dû traverser le vôtre.
— Vous persistez ?
— Absolument. »

Il porta la main à sa poche. Je saisis le revolver. Mais il sortit simplement un agenda sur lequel étaient griffonnées quelques notes.

« — Le 4 janvier », dit-il, « je vous ai trouvé sur mon chemin ; le 23 vous m'avez mis en difficulté ; vers la mi-février je vous ai trouvé plus qu'encombrant ; fin mars mes projets se trouvaient totalement contrecarrés et voici que fin avril, en raison de votre malveillance prolongée, je suis menacé de perdre ma liberté. Cette situation est en train de devenir insupportable.

— Avez-vous quelque chose à suggérer ?

— Il faut laisser tomber, Mr. Holmes », dit-il en dodelinant de la tête ; « il faut vraiment laisser tomber.

— Pas avant lundi.

— Que non. Je suis tout à fait certain qu'un homme de votre intelligence comprend qu'il ne saurait y avoir qu'une seule issue dans cette affaire. Il est indispensable que vous vous retiriez. Vos agissements ne nous laissent qu'une seule solution. J'ai trouvé une immense satisfaction intellectuelle à suivre la façon dont vous avez mené votre barque et très sincèrement je serais peiné de devoir employer les grands moyens.

---

6. **to inconvenience** (trans.) : *importuner, créer des difficultés, des obstacles.* **At your convenience** (subst.) : *à votre gré, à votre convenance, au moment qui vous conviendra.*
7. **to hamper :** *gêner, paralyser.*
8. **to drop :** *lâcher, laisser tomber.* **A drop :** *une goutte.* **A drop out :** *un déchet, une retombée (radioactive).*
9. **but one :** *seulement un(e), un(e) seul(e).* **But** (adv.) : *only.*
10. **outcome :** *résultat, conséquence, conclusion* (= **what comes out**). ▲ **Income** (= **what comes in**) : *le(s) revenu(s).* **Income tax :** *l'impôt sur le revenu.*
11. **an intellectual treat :** *un délice intellectuel.* **To treat somebody** (ou **to give someone a treat**) : *faire plaisir à qqun, le (la) faire sortir (restaurant, soirée).* Mais ▲ *une traite :* **a draft.**
12. **to grapple with :** *prendre à bras-le-corps, étreindre, en venir aux mains avec.*
13. **grief :** *chagrin, douleur.* **To grieve :** *avoir de la peine, déplorer, être en deuil.* ▲ *Un grief :* **a grudge.**

You smile, sir, but I assure you that it really would.'

" 'Danger is part of my trade,' I remarked.

" 'That is not danger,' said he. 'It is inevitable destruction. You stand in the way[1] not merely of an individual, but of a mighty organization, the full extent[2] of which you, with all your cleverness, have been unable to realize. You must stand clear[3], Mr. Holmes, or be trodden[4] under foot.'

" 'I am afraid,' said I, rising, 'that in the pleasure of this conversation I am neglecting business of importance which awaits me elsewhere.'

"He rose also and looked at me in silence, shaking his head sadly.

" 'Well, well,' said he, at last. 'It seems a pity, but I have done what I could. I know every move[5] of your game[6]. You can do nothing before Monday. It has been a duel between you and me, Mr. Holmes. You hope to place me in the dock[7]. I tell you that I will never stand in the dock. You hope to beat me. I tell you that you will never beat me. If you are clever enough to bring destruction upon me, rest assured that I shall do as much to you.'

" 'You have paid me several compliments, Mr. Moriarty,' said I. 'Let me pay you one in return when I say that if I were assured of the former eventuality I would, in the interests of the public, cheerfully[8] accept the latter ?

" 'I can promise you the one, but not the other,' he snarled[9], and so turned his rounded back upon me, and went peering and blinking out of the room.

---

1. **to be in the way (of) :** *gêner, encombrer, faire obstacle.*
2. **the full extent :** *toute l'étendue.*
3. **to stand (stood, stood) clear :** *se tenir à l'écart, faire place.*
4. **to tread (trod, trodden) :** *piétiner, fouler aux pieds.* To be **downtrodden** : *être humilié, bafoué.*
5. **every move :** *chaque mouvement, chaque coup* (dans une partie d'échecs). **Your move !** : *C'est à vous* (à toi) *de jouer !*
6. **your game :** *votre partie* ou bien *la manière* dont vous menez votre jeu. **The game is up** : *la partie est terminée, fini de jouer !* Dans plusieurs récits Holmes s'écrie : "The game is afoot !", c'est-à-dire « *à nous de jouer, en route pour l'aventure !* » To be game : *être disposé à participer à une aventure, à être « de la partie ».*
7. **in the dock :** *au banc des accusés.*

Vous pouvez sourire, Monsieur, mais c'est ainsi.

— Ce sont les risques de mon métier », observai-je.

« — Il ne s'agit pas de risques, mais de certitudes inéluctables. Vous vous êtes placé en travers, non d'un individu, mais d'une puissante organisation dont, en dépit de votre intelligence, vous n'avez pas encore pris toute la mesure. Il faut vous écarter, Mr. Holmes, sous peine d'être anéanti.

— Je crains », dis-je en me levant, « que le charme de cet entretien ne m'ait fait négliger une importante affaire qui m'attend ailleurs. »

Il se leva également, me dévisagea silencieusement et secoua tristement la tête.

« — Bien, bien ! » fit-il. « Dommage. Mais du moins j'ai fait ce que j'ai pu. Je connais tout votre jeu. Vous ne pouvez rien entreprendre avant lundi. C'est un long duel entre nous, Mr. Holmes. Vous espérez me jeter dans le box des accusés. Je vous déclare que je n'y prendrai jamais place. Vous espérez me vaincre et je vous affirme que vous ne me vaincrez jamais. Si vous êtes assez fort pour me détruire, croyez bien que je vous en réserve autant.

— Vous m'avez fait plusieurs compliments, Mr. Moriarty. Permettez-moi à mon tour de vous dire que si j'étais sûr de voir se produire la première éventualité, dans l'intérêt général j'accepterais volontiers la seconde.

— Je puis vous en promettre une, mais pas les deux ! »

Il ricana, tourna vers moi son dos voûté et quitta mon appartement.

---

8. **cheerfully** : *gaiement.* **To cheer up someone** : *égayer qqun, lui changer les idées.* **To cheer up** (intrans.) : *être de meilleure humeur.* **Cheers !** (en levant son verre) : *à la vôtre, à votre santé !*

9. **to snarl** : *gronder* (comme un chien qui menace), *dire qqch. d'un ton hostile, vindicatif, rancunier.*

"That was my singular interview with Professor Moriarty. I confess that it left an unpleasant effect upon my mind. His soft, precise fashion[1] of speech leaves a conviction of sincerity which a mere bully[2] could not produce. Of course, you will say : 'Why not take police precautions against him ?' The reason is that I am well convinced that it is from his agents the blow[3] will fall. I have the best proofs that it would be so."

"You have already been assaulted[4] ?"

"My dear Watson, Professor Moriarty is not a man who lets the grass grow under his feet. I went out about mid-day to transact some business[5] in Oxford Street. As I passed the corner which leads from Bentinck Street on to the Welbeck Street crossing[6] a two-horse van furiously driven whizzed round[7] and was on me like a flash[8]. I sprang for the foot-path and saved myself by the fraction of a second. The van dashed round by Marylebone Lane and was gone in an instant. I kept to the pavement after that, Watson, but as I walked down Vere Street a brick came down from the roof of one of the houses, and was shattered to fragments[9] at my feet. I called the police and had the place examined[10]. There were slates[11] and bricks piled up on the roof preparatory to[12] some repairs[13], and they would have me believe that the wind had toppled over[14] one of these. Of course I knew better[15], but I could prove nothing. I took a cab after that and reached my brother's rooms in Pall Mall, where I spent the day.

---

1. **fashion :** *façon, modalité, mode.* Out of fashion : *démodé.* To fashion : *dessiner, confectionner, façonner.*
2. **a mere bully :** *une simple, une vulgaire brute.* Bull : *taureau.* To bully : *brusquer, brutaliser.* To go at something like a bull at a gate : *foncer tête la première.*
3. **the blow :** *le coup du sort, le malheur.* To come (came, come) to blows : *en venir aux mains.*
4. **to assault :** *attaquer, se livrer à des voies de fait.*
5. **to transact a business** (formule évasive) : *accomplir une démarche, faire une course.* Business a une acception très large. Ex. : a funny business : *un drôle de truc, un drôle de machin.*
6. **crossing :** *un carrefour.* A pedestrian crossing : *un passage pour piétons.*
7. **to whiz round :** m.à.m. *prendre le tournant* (round) *en sifflant comme une balle* (whiz).

Tel fut l'entretien peu banal que j'ai eu avec le professeur Moriarty. J'avoue en avoir conservé un mauvais souvenir. Sa manière de parler si lisse et si précise a un ton de sincérité qui n'est pas celui d'un matamore. Vous me demanderez naturellement : « Pourquoi ne pas vous placer sous la protection de la police ? » Parce que j'ai la ferme conviction que le coup viendra de l'un de ses agents. J'en ai les meilleures preuves.

— On vous a déjà attaqué ?

— Mon cher Watson, Moriarty n'est pas homme à laisser l'herbe pousser sous ses pieds. Vers midi je suis sorti pour une petite affaire dans Oxford Street. Je dépassais l'angle qui va de Bentinck Street au croisement de Welbeck Street. Un attelage de deux chevaux emballés a foncé sur moi. J'ai sauté sur le trottoir : il s'en est fallu d'un cheveu. La voiture a disparu en un éclair au coin de Marylebone Lane. J'ai ensuite pris bien soin de marcher sur le trottoir, mais comme je passais dans Vere Street une brique est tombée du toit de l'une des maisons et s'est écrasée à mes pieds. J'ai prévenu la police et fait examiner les lieux. Il y avait des briques et des ardoises empilées sur le toit pour je ne sais quelles réfections et l'on a voulu me faire croire que le vent y était pour quelque chose. Naturellement, je sais à quoi m'en tenir, mais comment prouver ? Après quoi j'ai pris un fiacre pour me rendre chez mon frère dans Pall Mall où j'ai passé la journée.

---

8. **like a flash :** *tel un éclair.* A flash in the pan : *un feu de paille* (m.à.m. *une étincelle dans la poêle*).
9. **shattered to (**ou **into) fragments :** *briser en mille morceaux.* To shatter : *choquer, ébranler* ou *endommager.*
10. **had the place examined :** to have + part. passé : *faire faire.* I must have the car overhauled : *je dois faire réviser la voiture.*
11. **slates :** *les ardoises.* A slate : *une ardoise, une ardoise d'écolier.*
12. **preparatory to :** *préalablement à, en prévision de.*
13. **repairs :** *des réparations.* Mais in **good repair** (d'une maison, d'un objet) : *en bon état.*
14. **to topple over :** *renverser, faire tomber, faire basculer.*
15. **to know** (knew, known) **better :** *savoir à quoi s'en tenir, avoir son opinion.*

Now I have come round to you, and on my way I was attacked by a rough[1] with a bludgeon[2]. I knocked him down, and the police have him in custody[3]; but I can tell you with the most absolute confidence that no possible connection will ever be traced between the gentleman upon whose front teeth I have barked my knuckles[4] and the retiring mathematical coach, who is, I dare say, working out problems upon a black-board ten miles away. You will not wonder, Watson, that my first act on entering your rooms was to close your shutters, and that I have been compelled to ask your permission to leave the house by some less conspicuous[5] exit than the front door."

I had often admired my friend's courage, but never more than now, as he sat quietly checking off[6] a series of incidents which must have combined to make up a day of horror.

"You will spend the night here?" I said.

"No, my friend, you might find me a dangerous guest. I have my plans laid[7], and all will be well. Matters have gone so far now that they can move without my help as far as the arrest goes, though my presence is necessary for a conviction[8]. It is obvious[9], therefore, that I cannot do better than get away for the few days which remain before the police are at liberty to act. It would be a great pleasure to me, therefore, if you could come on to the Continent with me."

"The practice[10] is quiet[11]," said I, "and I have an accommodating neighbor. I should be glad to come."

---

1. **a rough :** *un nervi, un homme de main, une brute.*
2. **bludgeon :** *un gourdin.* To bludgeon : *matraquer.*
3. **in custody :** *en état d'arrestation, sous bonne garde.*
4. **I have barked my knuckles :** *je me suis arraché la peau des phalanges.* Bark : *l'écorce d'un arbre.*
5. **less conspicuous :** *moins visible, moins ostensible. Ostensiblement :* conspicuously. *Discret, peu voyant :* inconspicuous.
6. **to check off :** *décompter* (en procédant par élimination = off).
7. **I have my plans laid :** *mes plans sont installés* (m.à.m. *j'ai mes plans disposés*). ⚠ Ne pas confondre to lay, laid, laid (trans.) : *poser, disposer, installer,* et to lie, lay, lain : *être posé à terre, inerte, reposer.*

Me voici maintenant chez vous et en chemin j'ai été attaqué par une brute armée d'un casse-tête. Je l'ai mis knock-out et l'on s'occupe de lui au commissariat. Pourtant je puis déjà vous assurer que l'on n'établira aucun rapport entre le citoyen sur les dents de qui je me suis esquinté la main et le discret professeur de mathématiques qui, à l'heure qu'il est, doit être en train de résoudre des problèmes au tableau noir à dix miles d'ici. Vous ne vous étonnerez donc pas, Watson, si mon premier soin en entrant chez vous a été de fermer les volets et si je vous ai demandé la permission de quitter votre maison par une sortie moins voyante que votre porte de façade.

J'avais souvent admiré le courage de mon ami, mais jamais autant qu'à cet instant, alors qu'il récapitulait calmement cette succession d'épisodes qui avaient fait pour lui de cette journée une journée d'horreur.

— Vous voulez dormir ici ? demandai-je.

— Non, mon ami. Je risquerais d'être un hôte dangereux. J'ai mes projets et tout ira bien. Les choses sont maintenant suffisamment avancées pour que, s'agissant de l'arrestation, l'on puisse agir sans mon aide. C'est à titre de témoin que l'on a désormais besoin de moi. Il va donc de soi que je n'ai rien de mieux à faire que de m'éclipser pendant le laps de temps qui précède maintenant l'intervention de la police. C'est pourquoi vous me feriez un grand plaisir si vous vouliez m'accompagner sur le continent.

— La clientèle est calme, dis-je. Et j'ai un voisin complaisant. Je serai ravi de venir.

---

8. **conviction** : *une condamnation à une peine de prison.* A convict : *un forçat.* ⚠ *Une conviction :* a belief. *Être convaincu :* to be persuaded.
9. **obvious** : *évident.* Obviously : *évidemment.*
10. **the practice** : *la clientèle d'un médecin.* A general practitioner (abr. "a G.P.") : *un médecin généraliste.*
11. **quiet** ['kwaiət] : *calme, tranquille.* Quietness : *calme, tranquillité.*

"And to start to-morrow morning ?"

"If necessary."

"Oh yes, it is most necessary. Then these are your instructions, and I beg, my dear Watson, that you will obey them to the letter[1], for you are now playing a double-handed game[2] with me against the cleverest rogue[3] and the most powerful syndicate[4] of criminals in Europe. Now listen ! You will despatch whatever luggage[5] you intend to take by a trusty messenger unaddressed to Victoria[6] to-night. In the morning you will send for a hansom[7], desiring your man[8] to take neither the first nor the second which may present itself. Into this hansom you will jump[9], and you will drive to the Strand end[10] of the Lowther Arcade, handing the address to the cabman upon a slip of paper[11], with a request that he will not throw it away. Have your fare[12] ready, and the instant that[13] your cab stops, dash through the Arcade, timing yourself to reach the other side at a quarter-past nine. You will find a small brougham[14] waiting close to the curb, driven by a fellow with a heavy black cloak[15] tipped at the collar with red[16]. Into this you will step, and you will reach Victoria in time for the Continental express."

"Where shall I meet[17] you ?"

"At the station. The second first-class carriage from the front[18] will be reserved for us."

"The carriage is our rendezvous, then ?"

"Yes."

---

1. **to the letter** : *au pied de la lettre.*
2. **double-handed game** : *une partie jouée en double* (avec un partenaire). *Jouer double jeu avec qqun :* to play fast and lose with somebody.
3. **rogue** : *un gredin.*
4. **syndicate** : *association nuisible.* ▲ *Syndicat :* a trade union. *Syndicaliste :* a **trade unionist**. *Syndicat d'initiative :* tourist office.
5. **luggage** : *les bagages.* Encore un collectif dont le singulier identifiable est **a piece of luggage**. Rappelons que l'on appelle « collectif » un nom singulier (gouvernant un verbe au singulier) mais désignant un ensemble d'objets.
6. **Victoria** : *la gare de Victoria.*
7. **hansom** ou **hansom cab** : *un fiacre.*
8. **desiring your man** = ordering, instructing your man.
9. **to jump** : *sauter, bondir.*
10. **the Strand end** : *le côté qui donne sur le Strand.* Le Strand est une des grandes avenues du centre de Londres.

— De partir demain matin ?
— Si c'est nécessaire, oui.
— Oh ! oui, c'est nécessaire ! Alors, cher Watson, voici vos instructions. Je vous prie de vous y conformer à la lettre, car vous êtes maintenant engagé avec moi dans une partie en double contre le plus habile coquin et contre la plus puissante organisation criminelle d'Europe. Aussi, écoutez-moi bien : faites porter cette nuit vos bagages sans étiquette à la gare de Victoria par un commissionnaire de confiance. Demain matin vous ferez venir un fiacre, mais ne prenez ni le premier ni le second qui pourraient se présenter. Vous sauterez dans un troisième fiacre et vous vous ferez conduire à Lowther Arcade, côté du Strand. Vous tendrez au cocher l'adresse que vous aurez écrite sur un morceau de papier en lui recommandant de ne pas le jeter. Préparez votre monnaie et, au moment où votre fiacre s'arrêtera, foncez par les arcades et arrangez-vous pour arriver de l'autre côté à neuf heures et quart. Là vous trouverez une petite charrette anglaise rangée contre le trottoir et conduite par un cocher revêtu d'une lourde cape noire fermée au cou par un galon rouge. Vous y prendrez place et vous arriverez à Victoria juste à temps pour prendre l'express du continent.

— Où vous retrouverai-je ?
— A la gare. Le deuxième compartiment de première classe en tête du train nous sera réservé.
— Le compartiment est donc notre lieu de rendez-vous ?
— Oui.

---

11. **a slip of paper :** *un feuillet, un bout de papier sur lequel on prend de brèves notes.*
12. **the fare :** *le prix du billet, la tarification* et, par extension, *l'argent nécessaire pour acheter le billet.*
13. **the instant that :** *à l'instant, à la seconde où.*
14. **brougham :** *un coupé* (véhicule plus léger que le fiacre). Du nom de Lord Brougham.
15. **cloak :** *un épais manteau.* Cloakroom : *vestiaire.*
16. **tipped with red :** *avec une légère touche de rouge* ou *avec un liseré rouge.*
17. **to meet** (met, met) : a) *rencontrer, retrouver* b) *connaître qqun, l'avoir déjà vu* ou *lui avoir été présenté.* Ex. : **please meet my brother :** *je vous présente mon frère.*
18. **from the front :** *en comptant à partir de la tête du train.* The front : *ce qui est en tête ; la ligne de bataille.* ⚠ *Le front :* **the forehead.**

It was in vain that I asked Holmes to remain for the evening. It was evident to me that he thought he might bring trouble[1] to the roof he was under, and that that was the motive which impelled[2] him to go[3]. With a few hurried words as to our plans for the morrow[4] he rose and came out with me into the garden, clambering[5] over the wall which leads into Mortimer Street, and immediately whistling for[6] a hansom, in which I heard him drive away.

In the morning I obeyed Holmes's injunctions to the letter. A hansom was procured with such precautions as would prevent its being one[7] which was placed ready for us, and I drove immediately after breakfast to the Lowther Arcade, through which I hurried at the top of my speed[8]. A brougham was waiting with a very massive driver wrapped in a dark cloak, who, the instant that I had stepped in, whipped up the horse and rattled off to Victoria Station. On my alighting there[9] he turned the carriage, and dashed away again without so much as a look in my direction.

So far all had gone admirably. My luggage was waiting for me, and I had no difficulty in finding[10] the carriage which Holmes had indicated, the less so as[11] it was the only one in the train which was marked "Engaged". My only source of anxiety[12] now was the non-appearance of Holmes. The station clock marked only seven minutes from the time[13] when we were due to start[14]. In vain I searched among the groups of travellers and leave-takers[15] for the little figure of my friend.

---

1. **to bring** (brought, brought) **trouble :** *procurer des ennuis.*
2. **to impel :** *induire qqun à faire qqch.* On dira aussi to drive (drove, driven) someone to do something.
3. **to go** (went, gone) : a) *aller* b) *s'en aller* (= to go away). *S'en aller* au sens de *mourir :* to pass away.
4. **the morrow** = the next day, the day after, the following day : *le lendemain.*
5. **to clamber :** *grimper en s'aidant des mains, escalader.*
6. **to whistle for :** *appeler* (for) *d'un coup de sifflet* (whistle).
7. **its being one** = the fact that it was one. Being est un nom verbal (complément de prevent).
8. **at the top of my speed :** m.à.m. *au sommet de ma vitesse.* Cf. : I called at the top of my voice : *j'appelai aussi fort que je pouvais.* To speed, sped, sped : *aller vite* ou *se dépêcher* (syn. to hurry).

C'est en vain que je demandai à Holmes de rester chez moi pour la nuit. Il pensait vraiment que sa présence sous mon toit risquait de m'attirer des ennuis et c'est la raison pour laquelle il me quitta. Il me précisa encore rapidement quelques projets pour le lendemain. Puis il se leva, sortit avec moi dans le jardin, escalada le mur qui donne sur Mortimer Street, siffla aussitôt un fiacre et je l'entendis s'éloigner.

Le lendemain matin j'obéis scrupuleusement aux instructions de Holmes. On alla me chercher un fiacre avec tant de précautions qu'il ne pouvait être celui que l'on m'eût peut-être destiné. Je me fis conduire jusque Lowther Arcade, que je parcourus à toutes jambes. Une charrette anglaise attendait. Un cocher massif enveloppé d'un manteau noir fouetta son cheval dès que j'eus sauté à l'intérieur et fonça vers Victoria. Il me déposa puis il vira immédiatement pour quitter la gare sans m'accorder le moindre regard.

Jusque-là tout s'était admirablement passé. Mes bagages m'attendaient et je n'eus aucune difficulté pour trouver le compartiment que Holmes m'avait indiqué. C'était le seul sur lequel figurait la mention « réservé ». Seule m'inquiétait l'absence de Holmes. L'horloge de la gare m'indiquait qu'il ne nous restait plus que sept minutes avant le départ du train, mais parmi les groupes de voyageurs et d'accompagnateurs c'est en vain que je cherchais la mince silhouette de mon ami :

---

9. **on my alighting there** (autre nom verbal) : *à l'instant où je mis le pied à terre, où je descendis.* To alight : *descendre d'un véhicule. Atterrir* (en avion) : to touch dow, to land.
10. **no difficulty in finding** (ou no difficulty to find) : *aucune difficulté à trouver.*
11. **the less so as** (ou the less so since) : *d'autant moins que* (≠ the more so as ou the more so since : *d'autant plus que*).
12. **anxiety :** *désir, souhait* (plutôt que *« anxiété »*).
13. **from the time** (cf. "from the front", note 18 de la page 97) : *en comptant à rebours, à partir de l'heure du départ.*
14. **due to start :** m.à.m. *dus à partir.* Due to fait allusion à une action prévue d'avance.
15. **leave-takers** = the people who are taking leave. To take one's leave : *prendre congé.* A leave : *un congé, une permission* (militaire). To be on leave : *être en permission.* To leave, left, left : *s'en aller, quitter* (un endroit).

There was no sign of him. I spent a few minutes in assisting a venerable Italian priest, who was endeavoring to make a porter understand, in his broken English, that his luggage was to be booked through to Paris[1]. Then, having taken another look round, I returned to my carriage, where I found that the porter, in spite of the ticket, had given me my decrepit[2] Italian friend as a travelling companion. It was useless for me to explain to him that his presence was an intrusion, for my Italian was even more limited than his English, so I shrugged my shoulders[3] resignedly[4], and continued to look out anxiously for[5] my friend. A chill of fear had come over me, as I thought that his absence might mean that some blow had fallen during the night. Already the doors had all been shut and the whistle blown, when —

"My dear Watson," said a voice, "you have not even condescended to say good-morning."

I turned in uncontrollable astonishment. The aged ecclesiastic had turned his face towards me. For an instant the wrinkles[6] were smoothed away[7], the nose drew away from the chin, the lower lip ceased to protrude and the mouth to mumble[8], the dull eyes regained their fire, the drooping[9] figure expanded. The next the whole frame collapsed again, and Holmes had gone as quickly as he had come.

"Good heavens !" I cried ; "how you startled[10] me !"

"Every precaution is still necessary," he whispered. "I have reason to think that they are hot upon our trail[11]. Ah, there is Moriarty himself."

---

1. **was to be booked through to Paris :** to exprime la destination (= as far as) et through le fait que l'action sera conduite jusqu'au bout, sans interruption.
2. **decrepit** [di'krepit] : *décrépit*.
3. **to shrug one's shoulders :** *hausser les épaules*.
4. **resignedly** [ri'zainədli] : *d'un air résigné*.
5. **to look out for :** to look for : *chercher ;* to look out : *regarder à l'extérieur*. To look se trouve pour ainsi dire « en facteur commun » de out et de for.
6. **the wrinkles :** *les rides*.
7. **to smoothe away :** *faire disparaître en lissant, en aplanissant*.
8. **to mumble :** *bredouiller, marmonner*.
9. **to droop :** *être courbé, avachi, voûté*.

pas le moindre signe de Holmes ! Je passai quelques instants à aider un vénérable abbé italien qui dans un mauvais anglais tentait de faire comprendre au porteur que ses bagages devaient le suivre jusqu'à Paris. Après avoir jeté un dernier coup d'œil sur le quai je regagnai mon compartiment pour constater qu'en dépit de l'affichette le porteur m'avait donné comme compagnon de voyage mon vieil ami italien. A quoi bon lui expliquer que sa présence constituait une véritable intrusion puisque mon italien était encore plus limité que son anglais ? J'eus un haussement d'épaules résigné et, inquiet, je continuai de chercher mon ami du regard. J'eus froid dans le dos à l'idée que son absence pouvait avoir pour cause quelque attentat survenu au cours de la nuit. On avait déjà refermé toutes les portières, le sifflet du chef de train avait retenti quand...

— Mon cher Watson, vous n'avez même pas daigné me dire bonjour !

Je me retournai stupéfait. Le vieil ecclésiastique me regardait. En un instant les rides disparurent, le nez s'éloigna du menton, la lèvre inférieure cessa de retomber lourdement et la bouche de marmonner, les yeux ternes retrouvèrent tout leur éclat, le corps prostré se redressa. Et en un clin d'œil tout le corps s'affaissa de nouveau et Holmes avait disparu aussi rapidement qu'il s'était manifesté.

— Seigneur ! m'écriai-je. Quelle émotion vous m'avez causée !

— Toutes les précautions sont encore nécessaires, chuchota-t-il. J'ai tout lieu de croire qu'ils sont sur notre piste. Tenez, voilà Moriarty en personne !

---

10. **to startle** : *faire tressaillir, faire sursauter.* **To start** : *prendre le départ* ou *faire prendre le départ.* ▲ **The starter** : *le démarreur. Le « starter »* : the choke (c'est-à-dire l'admission d'air dans le carburateur).

11. **hot upon our trail** : m.à.m. *chauds sur notre piste.* **Hot** : *chaud* ; **piping hot** : *brûlant* ; **warm** : *tiède* ou *chaud* ; **cold** : *froid* ; **icy cold** : *glacial.* **Trail** : *une piste* ou *une trace indiquant le chemin suivi par le gibier.*

The train had already begun to move as Holmes spoke. Glancing back, I saw a tall man pushing his way furiously through the crowd, and waving his hand as if he desired to have the train stopped. It was too late, however, for we were rapidly gathering momentum[1], and an instant later had shot clear of[2] the station.

"With all our precautions, you see that we have cut it rather fine[3]," said Holmes, laughing. He rose, and throwing off the black cassock[4] and hat which had formed his disguise, he packed them away in a hand-bag.

"Have you seen the morning paper, Watson ?"

"No."

"You haven't seen about Baker Street, then ?"

"Baker Street ?"

"They set fire to[5] our rooms last night. No great harm was done."

"Good heavens, Holmes ! this is intolerable."

"They must have lost my track[6] completely after their bludgeon-man[7] was arrested. Otherwise they could not have imagined that I had returned to my rooms. They have evidently taken the precaution of watching you, however, and that is what has brought Moriarty to Victoria. You could not have made any slip[8] in coming ?"

"I did exactly what you advised."

"Did you find your brougham ?"

"Yes, it was waiting."

"Did you recognize your coachman ?"

"No."

---

1. **to gather momentum :** *gagner en vitesse et en puissance* (notion de « moment » dynamique).

2. **to shoot** (shot, shot) **clear of :** *s'éloigner de* (clear of) avec la vitesse d'un projectile (shoot).

3. **to cut** (cut, cut) **it fine :** m.à.m. *le couper finement, manquer* ou *réussir qqch. de justesse.*

4. **cassock :** *soutane.*

5. **to set** (set, set) **fire to :** *incendier* (m.à.m. *mettre le feu à*). On dit aussi "to set on fire". Le sens général de to set est « *installer, disposer, mettre, préparer* ». D'où l'emploi du subst. set pour désigner un dispositif, une installation, un ensemble d'objets assortis : radio set, T.V. set, table set *(un service de table)*, etc.

Le train avait démarré. Regardant sur le quai, je vis un homme de grande taille qui se frayait son chemin parmi la foule et qui agitait un bras comme s'il souhaitait que le train s'arrêtât. C'était trop tard, pourtant. Allant de plus en plus vite, le train s'éloignait de la gare à toute vapeur.

— Vous voyez que malgré nos précautions, dit Holmes en riant, il s'en est fallu de peu.

Il se mit debout, rejeta la soutane et le chapeau noirs avec lesquels il s'était déguisé. Il les rangea dans un sac de voyage.

— Vous avez lu le journal du matin, Watson ?
— Non.
— Alors, vous n'êtes pas au courant pour Baker Street ?
— Baker Street ?
— Notre appartement a failli brûler cette nuit. Il n'y a pas eu beaucoup de dégâts.
— Mon dieu, Holmes ! Mais c'est intolérable !
— Ils ont dû perdre ma trace à partir du moment où j'ai fait arrêter leur homme de main. Évidemment ils ont bien pensé que je n'étais pas retourné chez moi. Ils vous ont sans doute filé et c'est ce qui a conduit Moriarty à Victoria. Vous n'auriez pas commis d'imprudence en venant à la gare ?
— J'ai fait exactement ce que vous m'aviez indiqué.
— Vous avez trouvé la charrette anglaise ?
— Oui. Elle m'attendait.
— Vous avez reconnu le cocher ?
— Non.

---

6. **to lose** (lost, lost) **someone's track** : *perdre la trace de qqun.* Track : *une voie, un sentier.* ⚠ Le trac : **stage fright** (m.à.m. *la frayeur de la scène*).
7. **bludgeon-man** : *un matraqueur.*
8. **slip** : *un faux pas.* To slip : *glisser ;* a slippery road : *une chaussée glissante ;* a pair of slippers : *des pantoufles.*

"It was my brother Mycroft. It is an advantage to get about in such a case without taking a mercenary[1] into your confidence. But we must plan what we are to do about Moriarty now."

"As this is an express, and as the boat runs[2] in connection with it[3], I should think we have shaken him off very effectively."

"My dear Watson, you evidently did not realize my meaning when I said that this man may be taken as being quite on the same intellectual plane[4] as myself. You do not imagine that if I were the pursuer I should allow myself to be baffled[5] by so slight an obstacle. Why, then, should you think so meanly of him[6] ?"

"What will he do ?"

"What I should do."

"What would you do, then ?"

"Engage[7] a special."

"But it must be late."

"By no means[8]. This train stops at Canterbury ; and there is always at least a quarter of an hour's delay at the boat. He will catch us there."

"One would think that we were the criminals. Let us have him arrested[9] on his arrival."

"It would be to ruin[10] the work of three months. We should get the big fish, but the smaller would dart right and left out of the net. On Monday we should have them all. No, an arrest[11] is inadmissible."

---

1. **a mercenary :** *un mercenaire, un agent rétribué.*
2. **the boat runs :** m.à.m. *le bateau court.* Expression un peu insolite. Mais il s'agit des horaires maritimes et c'est le verbe to run (run, run) que l'on utilise en ce cas. Ex. : the buses run every half hour : *l'autobus passe toutes les demi-heures.*
3. **in connection with it :** *en liaison avec lui.* To connect : *mettre* ou *être en relation, en rapport.* To be connected with someone : *être en relation avec qqun.*
4. **plane :** a) *plan, niveau* b) *aéroplane, avion.*
5. **to baffle :** *prendre qqun au dépourvu, perturber, semer le désarroi.*
6. **to think** (thought, thought) **meanly of someone :** *avoir une piètre opinion de qqun.* Mean : *mesquin, petit, médiocre, vil.* To act meanly : *agir avec petitesse.* Don't be mean : *ne sois pas radin* ou *ne te conduis pas ainsi.*

— C'était mon frère Mycroft. Dans un cas tel que celui-ci on a toujours avantage à pouvoir se passer des services d'un mercenaire. Mais il nous faut maintenant songer à ce que nous allons faire avec Moriarty.

— Comme ce train est un express et que le bateau assure sa correspondance, il me semble que nous l'avons bel et bien semé.

— Mon cher Watson, je vois bien que vous ne m'avez pas compris quand je vous déclarais que cet homme devait être placé au même niveau que moi sur le plan de l'intelligence. Vous ne pensez pas que si j'étais le chasseur je renoncerais à mon gibier devant un obstacle aussi mince ? Alors pourquoi le juger moins favorablement ?

— Que va-t-il faire ?

— Ce que je ferais.

— Que feriez-vous donc ?

— Je louerais un train spécial.

— Mais il doit être trop tard.

— Pas du tout. Notre train s'arrête à Canterbury. Et il y a toujours un quart d'heure d'attente au bateau. Il nous rattrapera là.

— On dirait que c'est nous qui sommes les criminels ! Faisons-le arrêter à son arrivée.

— Ce qui ruinerait un travail de trois mois. Nous capturerions le gros poisson mais le menu fretin prendrait la fuite entre les mailles du filet. Lundi prochain nous les tiendrons tous. Non, une arrestation est impensable !

---

7. **to engage :** *engager, retenir.* To engage in conversation with someone : *entamer une conversation avec qqun.* Engaged (dans les toilettes) : *occupé.* To be engaged with someone : *être fiancé à qqun.* To disengage : *désengager, libérer.*

8. **by no means :** *aucunement, en aucune façon, pas du tout, il n'en est rien.* Means : *les moyens.* Ends and means : *les fins et les moyens.*

9. **let us have him arrested :** *faisons-le arrêter.* Let us : forme l'impératif du verbe. To have someone arrested : *faire arrêter qqun. Faire faire :* to have + part. passé.

10. **to ruin :** *ruiner* ou *détruire.* Syn. : to wreck. Wreckage : *les débris ;* a shipwreck : *un naufrage.*

11. **an arrest :** *une arrestation.* ⚠ *Un arrêt* (de bus) : **a stop.**

"What then ?"

"We shall get out at Canterbury."

"And then ?"

"Well, then we must make a cross-country journey to Newhaven, and so over to Dieppe. Moriarty will again do what I should do[1]. He will get on to Paris, mark down our luggage, and wait for two days at the depot. In the meantime we shall treat ourselves to[2] a couple of carpet-bags, encourage the manufactures of the countries through which we travel, and make our way at our leisure[3] into Switzerland, *via* Luxembourg and Basle."

At Canterbury, therefore, we alighted[4], only to find that we should have to wait an hour before we could get a train to Newhaven.

I was still looking rather ruefully[5] after the rapidly disappearing luggage-van[6] which contained my wardrobe[7], when Holmes pulled my sleeve and pointed up the line.

"Already, you see," said he.

Far away, from among the Kentish woods there rose a thin spray[8] of smoke. A minute later a carriage and engine could be seen flying[9] along the open curve which leads to the station. We had hardly time to take our place behind a pile of luggage when it passed with a rattle[10] and a roar[11], beating a blast[12] of hot air into our faces.

"There he goes," said Holmes, as we watched the carriage swing[13] and rock[14] over the points[15].

---

1. **what I should do :** *ce que je ferais* (à sa place). ⚠ What I ought to do : *ce que je devrais faire*.

2. **to treat oneself to something :** *se payer qqch., s'offrir un cadeau.* ⚠ *Traiter qqun de noms injurieux* (l'injurier) : to call someone names.

3. **leisure :** *le loisir.* At our leisure : *selon notre bon plaisir.* Leisure time activities : *activités de loisirs.*

4. **to alight :** *s'arrêter, descendre du train.*

5. **ruefully :** *avec une expression de regret, de tristesse.* To rue over ou for something : *regretter qqch. amèrement.*

6. **luggage-van :** *le fourgon à bagages.*

7. **wardrobe :** *garde-robe.* Il existe une correspondance entre un certain nombre de mots anglais commençant par un « w » et leurs équivalents français commençant par un « g ». Ex. : war : *guerre ;* wasp : *guêpe ;* Wales : *pays de Galles.* ⚠ *Une*

— Alors quoi ?
— Nous descendrons à Canterbury.
— Et ensuite ?
— Eh bien, nous couperons jusqu'à Newhaven d'où nous gagnerons Dieppe ! Moriarty agira encore comme j'agirais à sa place. Il arrivera à Paris, notera nos bagages et nous guettera deux jours à la consigne. Mais entre-temps nous nous serons offert deux sacs de voyage afin d'encourager l'industrie des pays que nous traverserons et nous gagnerons tranquillement la Suisse, via Luxembourg et Bâle.

A Canterbury donc nous descendîmes et on nous annonça qu'il nous faudrait attendre une heure pour le train de Newhaven.

J'étais encore en train de regarder avec chagrin le fourgon qui emportait ma garde-robe quand Holmes me tira par la manche et me désigna la voie ferrée.

— Déjà ! me dit-il. Regardez !

Au loin, parmi les bois du Kent, un mince panache de fumée avait surgi. Une minute plus tard une locomotive et une seule voiture surgissaient au virage qui précède la gare. Nous n'eûmes que le temps de nous dissimuler derrière une pile de bagages quand le mugissement de la machine et le fracas des roues nous assaillirent et qu'un souffle brûlant nous balayait le visage.

— Et voilà ! dit Holmes en regardant le convoi cahoter sur les aiguillages.

---

robe : a **frock**, a **dress**. *Une robe de chambre* : a **dressing gown**.
8. **spray** : *fines gouttelettes, aérosol.* **To spray** : *vaporiser.* **Sprayer** : *un vaporisateur.*
9. **to fly** (flew, flown) : *voler dans les airs.* **To fly along** : *s'enfuir* (à tire-d'aile), *filer.*
10. **rattle** : a) *un bruit métallique* b) *une crécelle.* **To rattle** : *produire ce bruit.*
11. **roar** : *un rugissement.* **To roar** : *rugir* ou *mugir.*
12. **blast** : *explosion bruyante.* **Coal blast** : *un coup de grisou* (dans une mine).
13. **to swing** (swung, swung) : *balancer* ou *se balancer.*
14. **to rock** : a) *rouler, osciller* b) *bercer.* **A rocker** : (fauteuil) *une berceuse* (cf. "**rocking chair**"). *Le tangage et le roulis* : **pitch and roll**.
15. **over the points** : *sur les aiguillages* (= les points où l'on fait diverger les lignes). *Une aiguille :* a **needle**.

"There are limits, you see, to our friend's intelligence. It would have been a *coup-de-maître* had he deduced what I would deduce and acted accordingly[1]."

"And what would he have done had he overtaken[2] us ?"

"There cannot be the least doubt that he would have made a murderous attack upon me. It is, however, a game at which two may play. The question now is whether[3] we should take a premature lunch here, or run our chance of starving[4] before we reach the buffet at Newhaven."

We made our way to Brussels that night and spent two days there, moving on[5] upon the third day as far as Strasburg. On the Monday morning Holmes had telegraphed to the London police, and in the evening we found a reply waiting for us at our hotel. Holmes tore it open[6], and then with a bitter curse hurled[7] it into the grate[8].

"I might have known it !" he groaned[9]. "He has escaped !"

"Moriarty ?"

"They have secured[10] the whole gang with the exception of him. He has given them the slip[11]. Of course, when[12] I had left the country there was no one to cope with[13] him. But I did think[14] that I had put the game[15] in their hands. I think that you had better[16] return to England, Watson."

"Why ?"

"Because you will find me a dangerous companion now. This man's occupation is gone[17]. He is lost if he returns to London.

---

1. **accordingly** : *en conséquence.* According to his directions : *conformément à, selon ses instructions.*
2. **to overtake** (overtook, overtaken) : *dépasser* (qqun, un véhicule). To undertake : *entreprendre* (une action). ▲ An undertaker : *un entrepreneur de pompes funèbres. Un entrepreneur en bâtiment :* a contractor.
3. **whether** : *si* (alternative = si... oui ou si... non).
4. **to starve** : *manquer de nourriture.* To starve to death : *mourir de faim.* Starvation : *famine.*
5. **to move on** : *poursuivre ses déplacements.* On exprime la continuité, la poursuite de l'action envisagée.
6. **to tear** (tore, torn) **open** : *ouvrir* (open) *en déchirant* (tear), *décacheter.*
7. **to hurl** : *jeter violemment, précipiter.*
8. **grate** : *le foyer* de la cheminée.
9. **to groan** : *gémir.*

L'intelligence de notre ami a tout de même des limites. C'eût été un coup de maître s'il avait déduit ce que j'allais déduire et avait agi en conséquence.

— Et qu'aurait-il fait s'il nous avait rattrapés ?

— Oh ! aucun doute là-dessus : il aurait essayé de me tuer ! Heureusement il faut être deux à ce jeu. Toute la question pour l'instant est de décider si nous déjeunons ici de bonne heure ou bien si nous nous laissons mourir de faim jusqu'au buffet de la gare de Newhaven.

Dans la nuit nous gagnâmes Bruxelles et nous y séjournâmes deux jours. Au matin du troisième jour nous nous rendîmes à Strasbourg. Le lundi matin Holmes avait télégraphié à la police de Londres et le soir nous trouvâmes la réponse en rentrant à l'hôtel. Holmes la prit et avec un juron de dépit il la roula en boule pour la jeter au feu.

— J'aurais dû m'en douter, gémit-il. Il a filé.

— Moriarty ?

— Toute la bande est sous les verrous sauf lui. Il leur a échappé. Naturellement, à partir du moment où je quittais l'Angleterre, personne n'était plus capable de rivaliser avec lui ! Mais je croyais vraiment leur avoir remis toutes les cartes en main ! Vous feriez mieux de rentrer en Angleterre, Watson.

— Pourquoi ?

— Parce que je vais être un compagnon trop dangereux. Cet homme a perdu sa raison de vivre. S'il revient à Londres il est fait.

---

10. **to secure :** *s'assurer de* (la prise), *mettre en sûreté.*
11. **to give** (gave, given) **the slip to somebody :** *filer entre les doigts, échapper à qqun, prendre la poudre d'escampette.*
12. **when :** *quand* ou *une fois que* (syn. *once*).
13. **to cope with :** *tenir tête à, s'occuper de* (un protagoniste).
14. **I did think :** forme emphatique avec **to do** à la forme affirmative.
15. **the game :** *le jeu, la partie.*
16. **you had better** + infinitif sans to : *vous feriez mieux de* + infinitif. *Je ferais mieux de :* I had better ; *ils feraient mieux de :* they had better.
17. **this man's occupation is gone :** *cet homme a perdu son occupation* (= sa raison de vivre). Allusion au monologue final du héros dans *Othello :* "Othello's great occupation is gone."

If I read his character right he will devote his whole energies to revenging himself[1] upon me. He said as much in our short interview, and I fancy[2] that he meant it[3]. I should certainly recommend you to return to your practice."

It was hardly an appeal to be successful with one who was an old campaigner[4] as well as an old friend. We sat in the Strasburg *salle-à-manger* arguing the question for half an hour, but the same night we had resumed[5] our journey and were well on our way to Geneva.

For a charming week we wandered[6] up the Valley of the Rhone, and then, branching off[7] at Lenk, we made our way over the Gemmi Pass, still deep in snow, and so, by way of Interlaken, to Meiringen. It was a lovely trip, the dainty[8] green of the spring below[9], the virgin white of the winter above[9]; but it was clear to me that never for one instant did Holmes forget the shadow which lay across him[10]. In the homely[11] Alpine villages or in the lonely mountain passes[12], I could tell by his quick glancing eyes[13] and his sharp scrutiny[14] of every face that passed[15] us, that he was well convinced that, walk where we would[16], we could not walk ourselves clear of[17] the danger which was dogging[18] our footsteps.

Once, I remember, as we passed over the Gemmi, and walked along the border of the melancholy Daubensee, a large rock which had been dislodged from the ridge upon our right clattered down[19] and roared into the lake behind us.

---

1. **to revenge oneself :** *se venger.* To avenge someone : *venger qqun. La vengeance :* revenge. ⚠ With a vengeance : *à outrance, pour de bon.* Ex. : he's making up for lost time with a vengeance : *il rattrape le temps perdu.*
2. **to fancy :** *s'imaginer, songer, avoir comme une idée.*
3. **he meant it :** *il était sérieux, il ne rigolait pas.* To mean, meant, meant : *signifier, vouloir dire.*
4. **old campaigner :** *un vieux briscard* (allusion au fait que Watson s'était battu en Afghanistan).
5. **to resume :** *reprendre* (une action interrompue).
6. **to wander :** *errer, vagabonder, aller à l'aventure.*
7. **to branch off :** *bifurquer, s'écarter de la route.*
8. **dainty :** *frêle, délicat.*
9. **below ≠ above :** *en dessous ≠ au-dessus.*
10. **the shadow which lay across him :** m.à.m. *l'ombre qui*

Je ne crois pas me tromper : il va consacrer toute son énergie à se venger de moi. Dans notre brève conversation il me l'a donné à entendre et il parlait sérieusement. Je vous conseille vivement d'aller retrouver votre clientèle.

Cette recommandation n'avait guère de chance d'être observée par le vieux soldat et le vieil ami que j'étais. Une demi-heure nous restâmes assis à discuter dans notre salle à manger de Strasbourg. Mais le soir nous reprîmes notre randonnée en direction de Genève.

Une semaine plaisante se passa à remonter la vallée du Rhône. Puis, bifurquant à Lenk, nous franchîmes le col de la Gemmi encore enneigé pour redescendre sur Meiringen par Interlaken. Ce fut une excursion ravissante avec tous les verts délicats du printemps au-dessous de nous et au-dessus la blancheur virginale de l'hiver. Mais Holmes n'avait pas un instant oublié la menace qui planait sur lui. Dans les paisibles villages des Alpes ou dans les cols isolés, rien qu'à le voir scruter tous les visages, je devinais sa conviction que nous ne pourrions pas échapper au danger qui nous menaçait.

Une fois, je m'en souviens, pendant notre passage de la Gemmi, nous longions la mélancolique Daubensee. Brusquement un gros rocher se détacha du flanc de la montagne sur notre droite, dévala la pente à grand fracas pour venir s'abîmer dans le lac derrière nous.

---

reposait sur toute sa personne. **To lie, lay, lain** (intrans.) : *être posé, demeurer, reposer.* **As I Lay Dying** (titre d'un roman de Faulkner) : *Tandis que j'étais mort.*
11. **homely** : *donnant l'impression d'être at home.*
12. **pass** : a) *un col de montagne* b) *un passe-partout* c) *une initiative exprimant le désir sexuel.* Ex. **she claims he made a pass at her** : *elle dit qu'il tenta de la séduire.*
13. **quick glancing eyes** : *des yeux jetant de vifs regards.*
14. **scrutiny** : *examen attentif.* **To scrutinize** : *examiner attentivement* (syn. **to scan**, d'où le terme « scanner »).
15. **to pass** : *croiser au passage. Un passant :* **a passer-by.**
16. **walk where we would** : *où que nous portions nos pas.*
17. **to walk oneself clear of** : m.à.m. *se marcher à l'écart de.* Il s'agit d'une construction très idiomatique. Le groupe final (**clear of**) indique la finalité, le but recherché et le groupe initial (**to walk oneself**) la modalité, le moyen employé. Ex. **to work oneself to death** : *se tuer à force de travail ;* **to read oneself to sleep** : *s'endormir en lisant.*
18. **to dog** : *suivre, traquer, poursuivre.*
19. **to clatter down** : *dégringoler bruyamment.*

In an instant Holmes had raced up on to the ridge, and, standing upon a lofty pinnacle[1], craned[2] his neck in every direction. It was in vain that our guide assured him that a fall of stones was a common chance[3] in the spring-time at that spot. He said nothing, but he smiled at me[4] with the air of a man who sees the fulfilment[5] of that which he had expected.

And yet for all his watchfulness[6] he was never depressed. On the contrary, I can never recollect having seen him in such exuberant spirits[7]. Again and again he recurred to[8] the fact that if he could be assured that society was freed from Professor Moriarty he would cheerfully bring his own career to a conclusion.

"I think that I may go so far as[9] to say, Watson, that I have not lived wholly in vain," he remarked. "If my record were closed to-night I could still survey it with equanimity. The air of London is the sweeter for[10] my presence. In over a thousand cases[11] I am not aware that I have ever used my powers upon the wrong side. Of late[12] I have been tempted to look into the problems furnished by nature rather than those more superficial ones for which our artificial state of society is responsible. Your memoirs[13] will draw to an end, Watson, upon the day that I crown my career by the capture or extinction of the most dangerous and capable criminal in Europe."

I shall be brief, and yet exact, in the little which remains for me to tell. It is not a subject on which I would willingly dwell, and yet I am conscious that a duty devolves upon me[14] to omit no detail.

---

1. **lofty pinnacle :** *un sommet élevé.*
2. **to crane :** *dresser* (la tête), *étirer* (le cou) *à la manière d'un oiseau* (a crane : *une grue*).
3. **chance :** *un hasard, un risque.*
4. **to smile at someone :** *sourire d'un air entendu, significatif.* To smile to : *adresser un sourire innocent.*
5. **fulfilment :** *accomplissement.* ⚠ Accomplishment : *un exploit.*
6. **for** (= despite, in spite of) **all his watchfulness :** *en dépit de toute sa vigilance.* To watch : *observer, veiller.*
7. **spirits :** a) *humeur* b) *alcool, spiritueux.*
8. **to recur to a point :** *revenir sur un point, répéter.*
9. **so far as :** m.à.m. *aussi loin que = jusqu'au point.*

...ques secondes Holmes avait escaladé la crête et, debout ... roc, son regard scrutait dans toutes les directions. Notre ... e eut beau lui affirmer que la chute d'une pierre était au ...ntemps et à cet endroit un incident tout naturel. Il ne répondit ...en mais il me regarda en souriant avec l'air d'un homme qui assiste à la réalisation de tout ce qu'il avait prévu.

Cependant, malgré toute sa vigilance, il n'était nullement abattu. Au contraire, je ne me rappelle pas l'avoir jamais vu plus exubérant. A plusieurs reprises il me répéta que s'il pouvait avoir la certitude de voir la société débarrassée du professeur Moriarty, il abandonnerait de bon cœur toutes ses activités.

— Je crois pouvoir dire, Watson, que mon existence n'a pas été totalement inutile, me confia-t-il. Si ma carrière devait se terminer ce soir, j'aurais la conscience tranquille. J'ai purifié l'atmosphère de Londres. Dans plus de mille affaires je ne pense pas avoir exercé mes capacités dans le mauvais sens. Je suis de plus en plus enclin à approfondir les mystères que pose la nature et qui sont bien moins superficiels que ceux dont est responsable notre société artificielle. Watson, le jour où j'aurai couronné ma carrière par la capture ou par l'extermination du criminel le plus redoutable et le plus intelligent d'Europe, vous serez parvenu au terme de vos mémoires.

Je serai bref mais précis pour le peu qui me reste à dire. Le sujet ne se prête pas aux longueurs : il est trop douloureux. Mais j'ai le devoir de n'omettre aucun détail.

---

10. **the sweeter for** : m.à.m. *d'autant plus suave à cause de.*
11. **over a thousand cases** : *plus de mille cas.*
12. **of late** : *récemment.*
13. **your memoirs** : *vos mémoires. La mémoire* (faculté de se rappeler) : **memory.** *Les souvenirs* (mentaux) : **remembrances** ; *les souvenirs* (objets, cadeaux) : **souvenirs.**
14. **to devolve a mission upon** (ou on) **somebody** : *confier une mission à qqun.*

It was on the 3d of May that we reached the little village of Meiringen, where we put up[1] at the Englischer Hof, then kept by Peter Steiler the elder[2]. Our landlord[3] was an intelligent man, and spoke excellent English, having served for three years as waiter at the Grosvenor Hotel in London. At his advice[4], on the afternoon of the 4th we set off[5] together, with the intention of crossing the hills and spending the night at the hamlet of Rosenlaui. We had strict injunctions, however, on no account to pass the falls[6] of Reichenbach, which are about half-way up the hill, without making a small detour to see them.

It is indeed, a fearful place. The torrent, swollen[7] by the melting snow, plunges into a tremendous abyss[8], from which the spray rolls up like the smoke from a burning house. The shaft[9] into which the river hurls itself is an immense chasm[10], lined by glistening coalblack rock, and narrowing into a creaming, boiling pit of incalculable depth, which brims over[11] and shoots[12] the stream onward over its jagged lip[13]. The long sweep[14] of green water roaring forever down, and the thick flickering[15] curtain of spray hissing[16] forever upward, turn a man giddy with their constant whirl and clamor. We stood near the edge peering down at[17] the gleam of the breaking water[18] far below us against the black rocks, and listening to the half-human shout which came booming up[19] with the spray out of the abyss.

The path has been cut half-way round the fall to afford a complete view, but it ends abruptly, and the traveller has to return as he came.

---

1. **to put** (put, put) **up** : *faire halte, escale ;* ⚠ to put up with : *se contenter de.*
2. **the elder** : *l'aîné* (elder car ils sont seulement deux frères).
3. **landlord** : *propriétaire* (fém. : landlady).
4. **at his advice** : *sur ses conseils.* Advice : nom collectif dont le sing. est donc a piece of advice.
5. **to set** (set, set) **off** : *se mettre en route.*
6. **the falls** : *les chutes d'eau.*
7. **to swell** (swelled, swollen) : *enfler, gonfler.*
8. **abyss** : *vide, abîme, précipice.*
9. **shaft** : *puits* (de mine), *gouffre.*
10. **chasm** : syn. de abyss.
11. **to brim over** : *déborder.* Brim : *le bord d'un récipient*

Nous arrivâmes le 3 mai au petit village de Meiringen et nous nous installâmes au *Englischer Hof*, hôtel tenu par le vieux Peter Steiler. C'était un homme intelligent qui, ayant servi pendant trois ans à Londres au restaurant du *Grosvenor Hotel*, parlait un excellent anglais. Il nous conseilla dans l'après-midi du 4 d'aller coucher au hameau de Rosenlaui en passant par les collines. Il nous recommanda toutefois avec insistance d'accomplir un crochet pour admirer les chutes de Reichenbach qui sont situées à mi-côte.

A vrai dire l'endroit est terrifiant. Gonflé par la fonte des neiges, le torrent se précipite dans une trouée d'où l'écume rejaillit en tourbillonnant comme la fumée d'une maison en feu. La cheminée dans laquelle se rue le torrent est une brèche immense bordée de rocs luisants, noirs comme du charbon, et qui va en se rétrécissant pour aboutir à une cavité insondable où les flots bouillonnent et lèchent rageusement les parois effritées. Le vertige vous prend à considérer longtemps cette masse d'eau verte qui rugit et cette écume qui plane dans un sifflement ininterrompu. Nous restâmes un bon moment devant le précipice, fascinés par l'éclat de l'eau qui venait se briser contre les rochers noirs et par le cri presque humain qui accompagnait le rejaillissement de l'écume contre le gouffre.

Pour permettre aux touristes de mieux admirer le spectacle, on a aménagé un sentier qui contourne la moitié du gouffre. Mais il se termine juste au bord et le touriste doit revenir sur ses pas.

---

contenant un liquide. **Brimful** : *à pleins bords. Le bord, la lisière :* the edge.

12. **to shoot** (shot, shot) : *projeter, tirer un projectile.*

13. **over its jagged lip** : *par-dessus sa lèvre en dents de scie.* Jagged : *à la fois dur, tranchant et irrégulier, comme du silex.* Noter que over *exprime généralement une notion de dépassement, d'excès.*

14. **long sweep** : *longue traînée.* To sweep, swept, swept : *balayer, essuyer.* Chimney sweeper : *un ramoneur.*

15. **to flicker** : *vaciller.*

16. **to hiss** : *siffler (serpent, machine, bouilloire). Siffler avec les lèvres ou un sifflet :* to whistle.

17. **to peer down at something** : *tendre ses regards vers un objet situé en contrebas.*

18. **breaking water** : *de l'eau qui se brise.* Breakers : *d'énormes vagues, des brisants.*

19. **to boom up** : *s'élever, grossir en mugissant.*

We had turned to do so, when we saw a Swiss lad[1] come running along it with a letter in his hand. It bore the mark of the hotel which we had just left, and was addressed to me by the landlord. It appeared that within a very few minutes[2] of our leaving[3], an English lady had arrived who was in the last stage of consumption. She had wintered[4] at Davos Platz, and was journeying now to join her friends at Lucerne, when a sudden hemorrhage had overtaken[5] her. It was thought that she could hardly live a few hours, but it would be a great consolation to her to see an English doctor, and, if I would only return, etc. The good Steiler assured me in a postscript that he would himself look upon[6] my compliance[7] as a very great favor, since the lady absolutely refused to see a Swiss physician[8], and he could not but feel[9] that he was incurring a great responsibility.

The appeal was one which could not be ignored. It was impossible to refuse the request of a fellow-countrywoman[10] dying in a strange land[11]. Yet I had my scruples about leaving Holmes. It was finally agreed, however, that he should retain the young Swiss messenger with him as guide and companion while I returned to Meiringen. My friend would stay some little time at the fall, he said, and would then walk slowly over the hill to Rosenlaui, where I was to rejoin him in the evening. As I turned away I saw Holmes, with his back against a rock and his arms folded[12], gazing down at the rush of the waters. It was the last that I was ever destined to see of him in this world[13].

---

1. **lad :** *un jeune homme* (fém. *lass*).
2. **within a very few minutes :** *dans les instants qui suivirent.*
3. **our leaving** = our departure : *notre départ.*
4. **to winter** (to spend the winter) : *passer l'hiver.* ⚠ Toutefois l'on ne dit pas "to summer", "to spring" ni "to autumn".
5. **to overtake** (overtook, overtaken) : *dépasser* (véhicule) ou *surprendre, saisir.*
6. **to look upon :** *considérer, porter un jugement sur.*
7. **compliance :** *accord, bonne volonté.* To comply with a request : *accéder à une demande.* ≠ To deny.
8. **physician :** *médecin.* ⚠ Un physicien : a physicist.
9. **he could not but feel :** forme exprimant la contrainte = *il ne pouvait s'empêcher de penser.* Autres exemples : I cannot but listen : *je ne puis m'empêcher d'écouter ;* they could'nt but accept : *ils furent bien obligés d'accepter.*

Nous allions emprunter ce sentier pour nous rapprocher quand nous vîmes un garçon du pays courir vers nous, une lettre à la main. Elle portait l'en-tête de notre hôtel et elle m'était adressée. L'hôtelier m'informait que quelques minutes après notre départ était arrivée une dame anglaise, tuberculeuse au dernier degré. Elle avait passé l'hiver à Davos et elle se rendait à Lucerne chez des amis quand elle avait été prise d'une violente hémorragie. Elle n'avait plus que quelques heures à vivre, mais ce serait une grande consolation si elle pouvait voir un docteur anglais et si je pouvais revenir, etc. Le bon Steiler m'assurait dans un post-scriptum qu'il considérerait ma complaisance comme une grande faveur car la dame se refusait catégoriquement à consulter un médecin suisse et il se sentait personnellement responsable.

Cette requête était de celles que l'on ne peut laisser sans réponse. Impossible de se dérober à l'appel d'une compatriote en train d'agoniser en pays étranger. Pourtant j'étais contrarié à l'idée d'abandonner Holmes. Nous décidâmes finalement qu'il garderait avec lui le jeune messager suisse pour lui servir de guide et de compagnon pendant que je retournais à Meiringen. Mon ami avait l'intention de rester encore quelques instants près des chutes, puis il irait tranquillement vers Rosenlaui où je le rejoindrais dans la soirée. En me retournant j'aperçus Holmes adossé contre un rocher, les bras croisés, le regard perdu dans la contemplation de l'eau tourbillonnante. C'est la dernière image que je devais garder de lui en ce monde.

---

10. **a fellow-countrywoman :** *une compatriote* (masc. a fellow-countryman).
11. **a strange land :** *un pays étranger* (inconnu). A foreign land : *une terre étrangère, appartenant à une autre nation.*
12. **to fold :** a) *croiser* b) *plier.* A fold : *un pli* (papier, tissu). A folder : *un classeur.* A fold peut aussi vouloir dire une bergerie et, par extension, un troupeau (dans les sermons, le pasteur désignera ainsi ses « brebis »).
13. **this world :** *ici-bas. L'au-delà :* the next world.

When I was near the bottom of the descent I looked back. It was impossible, from that position, to see the fall, but I could see the curving path which winds over the shoulder[1] of the hill and leads to it. Along this a man was, I remember, walking very rapidly.

I could see his black figure[2] clearly outlined[3] against the green behind him. I noted[4] him, and the energy with which he walked, but he passed from my mind again as I hurried on upon my errand[5].

It may have been a little over an hour before I reached Meiringen. Old Steiler was standing at the porch of his hotel.

"Well," said I, as I came hurrying up, "I trust[6] that she is no worse ?"

A look of surprise passed over his face, and at the first quiver[7] of his eyebrows my heart turned to lead[8] in my breast[9].

"You did not write this ?" I said, pulling[10] the letter from my pocket. "There is no sick Englishwoman in the hotel ?"

"Certainly not !" he cried. "But it has the hotel mark upon it ! Ha, it must have been written by that tall Englishman who came in[11] after you had gone. He said —"

But I waited for none of the landlord's explanations[12]. In a tingle[13] of fear I was already running down the village street, and making for the path which I had so lately[14] descended. It had taken me an hour to come down. For all my efforts[15] two more had passed before I found myself at the fall of Reichenbach once more.

---

1. **shoulder :** *l'épaule.* Shoulder strap : *une bandoulière.*
2. **figure :** *une silhouette.* ⚠ La figure : the face.
3. **outlined :** *dessiné en silhouette.* The outline : *le contour ;* the outlines : *les grandes lignes* (d'un projet). Outlined against : détaché(e) sur. To stand against a dark background : *se détacher sur un fond sombre.*
4. **to note** ou **to notice :** *remarquer.*
5. **errand :** *une commission, une course dont on est chargé.* An errand boy : *un garçon de courses, un coursier.* To run (run, run) an errand : *aller faire une course.* ⚠ Errant : **wandering.**
6. **to trust** (trust, trust) : *confier, avoir confiance, tenir pour certain, compter fermement sur qqch. ou sur qqun.*
7. **quiver :** *un frémissement, une vibration.*
8. **lead** ['led] : *du plomb.*

Quand j'atteignis le bas de la descente je me retournai encore une fois. Il était impossible de voir les chutes depuis cet endroit mais je distinguais le sentier qui les contournait. Sur ce sentier, je m'en souviens, un homme cheminait rapidement.

Sa silhouette noire se détachait nettement sur l'herbe. Je notai son pas décidé mais comme je me dépêchais, je ne m'attardai pas à l'observer.

Il me fallut une bonne heure pour regagner Meiringen. Le vieux Steiler se tenait sous le porche de son hôtel.

— Eh bien, dis je, j'espère que son état n'a pas empiré ?

Une expression de surprise passa sur son visage. En le voyant hausser les sourcils mon sang se glaça.

— Ce n'est pas vous qui m'avez écrit cette lettre ? Il n'y a pas à l'hôtel une Anglaise malade ?

— Certainement non ! s'écria-t-il. Mais voici l'en-tête de l'hôtel sur l'enveloppe... Ah ! cette lettre a dû être écrite par un grand Anglais qui est arrivé juste après votre départ ! Il m'a dit...

Mais je ne m'attardai pas aux explications de l'hôtelier. Tremblant d'angoisse je me précipitais déjà dans la rue du village vers le sentier que je venais de descendre. Il m'avait fallu une heure pour revenir. En dépit de tous mes efforts il m'en fallut deux avant de me retrouver devant les chutes de Reichenbach.

---

9. **breast** : *la poitrine, le sein, le giron.* **A double-breasted coat** : *un veston croisé.*
10. **to pull** : *tirer* (≠ **to push** : *pousser*).
11. **to come** (came, come) **in** : *entrer, venir, arriver.* **Please, come in !** : *Donnez-vous la peine d'entrer.*
12. **none of the... explanations** : *aucune des explications.* **None** est une contraction de **not one**.
13. **tingle** : *tintement, frémissement, agitation.*
14. **so lately** : *si récemment.* **So late** : *si tard* ou *si tardif.*
15. **for all my efforts** : *en dépit de, malgré tous mes efforts* (syn. **despite, in spite of all my efforts**). **For** peut avoir notamment les sens suivants : a) « appropriation ou destination » : **to ask for something** : *demander qqch.* ; b) « destination » : **I am for London to-morrow** : *demain je pars pour Londres* ; c) syn. de **despite** : **for all my efforts** ; d) syn. de **because of** : **she was congratulated for her courage** : *on l'a félicitée de son courage.*

There was Holmes's Alpine-stock[1] still leaning against the rock by which[2] I had left him. But there was no sign of him, and it was in vain that I shouted[3]. My only answer was my own voice reverberating in a rolling echo from the cliffs[4] around me.

It was the sight of that Alpine-stock which turned me cold and sick. He had not gone to Rosenlaui, then. He had remained on that three-foot path, with sheer wall[5] on one side and sheer drop[6] on the other, until his enemy had overtaken him. The young Swiss had gone too. He had probably been in the pay of Moriarty, and had left the two men together. And then what had happened? Who was to tell us what had happened then?

I stood for a minute or two to collect myself[7], for I was dazed[8] with the horror of the thing. Then I began to think of Holmes's own methods and to try to practise them in reading this tragedy. It was, alas, only too easy to do. During our conversation we had not gone to the end of the path, and the Alpine-stock marked the place where we had stood. The blackish soil is kept forever soft[9] by the incessant drift of spray, and a bird would leave its tread[10] upon it. Two lines of footmarks were clearly marked along the farther end of the path, both leading away from me. There were none[11] returning. A few yards from the end the soil was all ploughed up into a patch of mud[12], and the branches and ferns which fringed the chasm were torn and bedraggled[13].

---

1. **alpine-stock :** *canne de montagne à bout ferré.*
2. **by which :** *auprès duquel.* By = beside : *à côté de, près de.*
3. **to shout :** *crier, hurler.*
4. **cliff :** *une falaise.*
5. **sheer wall :** *une paroi abrupte et sans prise.* Autre sens de sheer : *unique, pur, simple* (syn. de mere).
6. **a drop :** a) *une goutte* b) *une chute* (origine commune : le verbe to drop : *tomber, se laisser tomber*).
7. **to collect oneself :** m.à.m. *se ramasser* ; donc *reprendre ses esprits.*
8. **to daze :** *éblouir.* Dazzling : *étincelant, éblouissant.*
9. **forever soft :** *à jamais tendre.* Forever ou for ever = always. Soft : a) *mou, tendre* b) (fam.) *bêta :* Don't be soft : *ne fais pas l'andouille.*

L'alpenstock de Holmes était encore appuyé contre le roc, à l'endroit où nous nous étions séparés. Mais aucune trace de lui. Mes appels restèrent sans réponse et je ne reçus que l'écho de ma voix roulant entre les rochers.

Une horrible angoisse m'avait saisi à la vue de cet alpenstock. Il n'était donc pas allé jusqu'à Rosenlaui. Il était resté sur cet étroit sentier entre une muraille rocheuse d'un côté et un précipice à pic de l'autre ; jusqu'au moment où son ennemi l'avait surpris. Le jeune Suisse avait disparu. Il avait sans doute été payé par Moriarty pour laisser les deux hommes face à face. Et que s'était-il donc passé à ce moment-là ? Qui pourrait jamais nous renseigner ?

Je demeurai immobile pendant quelques instants pour réfléchir car j'étais accablé par cet événement épouvantable. Puis je songeai aux méthodes de Holmes et m'efforçai de les appliquer pour comprendre cette tragédie. Ce n'était, hélas ! que trop facile. Absorbés par notre conversation nous n'avions pas suivi le sentier jusqu'au bout. L'alpenstock indiquait l'endroit où nous nous étions arrêtés. Le sol noirâtre, perpétuellement humecté par l'écume, aurait conservé les empreintes d'un oiseau. Deux lignes de pas étaient nettement visibles : elles se dirigeaient vers l'extrémité du sentier. Il n'y en avait pas en sens inverse pour signaler leur retour. A quelques mètres avant le bord du précipice le sol était piétiné et boueux ; les ronces et les fougères qui longeaient le gouffre étaient arrachées, foulées aux pieds.

---

10. **tread :** *l'empreinte d'un pas* (= footmark). To tread, trod, trodden : *marcher sur, fouler aux pieds.*
11. **none** = not one.
12. **all ploughed up into a patch of mud :** to plough up : *labourer.* A plough : *une charrue.* Patch : *une plaque, une pièce rapportée.* To patch up : *raccommoder, rapiécer.* Mud : *la boue.* Mudguard : *un garde-boue.*
13. **bedraggled :** *enchevêtré, hirsute* (cheveux, végétation).

I lay upon my face and peered over with the spray spouting[1] up all around me. It had darkened since I left, and now I could only see here and there the glistening of moisture[2] upon the black walls, and far away down at the end of the shaft[3] the gleam of the broken water. I shouted ; but only the same half-human cry of the fall was borne[4] back to my ears.

But it was destined that I should after all have a last word of greeting from my friend and comrade. I have said that his Alpine-stock had been left leaning against a rock which jutted on[5] to the path. From the top of this bowlder[6] the gleam of something bright caught my eye, and, raising my hand, I found that it came from the silver cigarette-case which he used to carry[7]. As I took it up a small square of paper[8] upon which it had lain fluttered down[9] on to the ground. Unfolding it, I found that it consisted of three pages torn from his note-book and addressed to me. It was characteristic of the man that the direction was as precise, and the writing as firm and clear, as though it had been written in his study.

My dear Watson [it said], I write these few lines through[10] the courtesy of Mr. Moriarty, who awaits my convenience[11] for the final discussion of those questions which lie between us. He has been giving me a sketch[12] of the methods by which he avoided the English police and kept himself informed of our movements. They certainly confirm the very high opinion which I had formed of his abilities.

---

1. **to spout** : *jaillir, gicler.*
2. **moisture** : *la moisissure végétale.*
3. **the shaft** : *l'ouverture de la faille.*
4. **to bear** (bore, borne ou born) : *porter.* To be born : *naître* (m.à.m. « être porté [au monde] »).
5. **to jut** (on, out, forward) : *faire saillie.*
6. **boulder** ou **bowlder** : *rocher, bloc de pierre.*
7. **which he used to carry** (syn. which he would carry) : *qu'il avait l'habitude de porter.*
8. **a square of paper** : *un carré* ou *un rectangle de papier.*
9. **to flutter down** : *descendre en voltigeant.* To flutter : *voltiger* ou *hésiter* (entre plusieurs choix). To have a flutter : *tenter sa chance à un jeu de hasard.*

Je me mis à plat ventre pour regarder au fond de l'abîme mais j'étais gêné par l'écume du torrent. Le jour avait baissé. Je ne voyais rien d'autre que le miroitement de l'eau contre les parois noires et tout au fond l'éclat du torrent. J'appelai ; mais je ne reçus pas d'autre réponse que ce perpétuel cri presque humain des eaux qui se brisaient.

Le destin voulut néanmoins que me parvînt un dernier salut de mon camarade et ami. J'ai dit que son alpenstock était demeuré appuyé contre un rocher en saillie. Mon regard fut attiré par un objet qui brillait en haut de cette pierre. Je levai une main et je m'aperçus que c'était l'étui à cigarettes en argent que Holmes portait sur lui. Quand je le saisis un petit carré de papier qui avait été posé en dessous de l'étui voleta jusqu'au sol. Je le ramassai, le dépliai : c'étaient trois pages de son carnet. Elles m'étaient adressées. Il était bien conforme au caractère de Holmes que l'écriture eût gardé cette fermeté. On eût dit qu'il avait rédigé assis dans son bureau :

Mon cher Watson, je dois à la courtoisie de Mr. Moriarty de vous écrire ces quelques lignes. Il consent à attendre mon bon plaisir pour que nous procédions au règlement définitif des questions en suspens entre nous. Il m'a résumé les méthodes grâce auxquelles il a échappé à la police anglaise et s'est tenu informé de nos déplacements. Ces méthodes confirment la très haute opinion que je m'étais formée de ses capacités.

---

10. **through :** a) *en passant par* ou *en traversant :* **are you going through London ?** (*vous passerez par Londres ?*) b) *par l'intermédiaire de :* **we met through common friends** (*nous avons fait connaissance par l'intermédiaire d'amis communs*) c) *grâce à.*
11. **my convenience :** *ma convenance.* **Convenient :** *pratique, commode, ingénieux ;* ≠ **inconvenient.**
12. **a sketch :** *une esquisse, une idée générale.*

I am pleased to think that I shall be able to free society from any further effects of his presence, though I fear that it is at a cost which will give pain[1] to my friends, and especially, my dear Watson, to you. I have already explained to you, however, that my career had in any case[2] reached its crisis[3], and that no possible conclusion to it could be more congenial[4] to me than this. Indeed, if I may make a full confession to you, I was quite convinced that the letter from Meiringen was a hoax[5], and I allowed you to depart on that errand under the persuasion[6] that some development of this sort would follow. Tell Inspector Patterson that the papers which he needs to convict the gang are in pigeon-hole[7] M., done up in a blue envelope and inscribed "Moriarty". I made every disposition[8] of my property before leaving England, and handed it to my brother Mycroft. Pray give my greetings[9] to Mrs. Watson, and believe me to be, my dear fellow,
Very sincerely yours,

SHERLOCK HOLMES.

A few words may suffice to tell the little that remains. An examination by experts leaves little doubt that a personal contest[10] between the two men ended, as it could hardly fail to end in such a situation, in their reeling[11] over, locked[12] in each other's arms[13].

---

1. **pain :** *douleur, souffrance.* Painful : *douloureux.* Painstaking : *laborieux.* Painless : *indolore.*
2. **in any case :** *en tout cas, en tout état de cause.* Syn. : at all events.
3. **its crisis :** m.à.m. *sa crise.* Formes équivalentes : its critical stage, its turning point.
4. **congenial :** *conforme à ses goûts et à son caractère.* Ex. : I find the place most congenial : *l'endroit est tout à fait à mon goût.*
5. **hoax :** *une mystification, une supercherie.*
6. **under the persuasion :** *avec la certitude.* Sens particulier de persuasion : *la confession religieuse.*
7. **pigeon-hole :** *casier* (pour le courrier ou pour des documents). To pigeon-hole : *classer, ranger dans un casier étiqueté.*
8. **disposition :** *disposition testamentaire.* ▲ To dispose of one's property : *se débarrasser, vendre, liquider son bien* (et

Je suis satisfait à la pensée que je vais délivrer la société de sa présence, bien que je craigne que ce ne soit au prix d'un sacrifice que déploreront mes amis et vous spécialement, mon cher Watson. Je vous ai déjà expliqué que, en tout état de cause, ma carrière avait atteint son apogée. Aucun dénouement ne me paraît plus enviable que celui-ci. Pour tout vous avouer, j'étais persuadé que la lettre de Meiringen était une mystification et je vous ai laissé partir parce que j'étais sûr de ce qui allait se produire. Prévenez l'inspecteur Patterson que les papiers dont il a besoin pour faire condamner la bande sont dans le casier M, enfermés dans une enveloppe bleue sur laquelle est écrit « Moriarty ». Avant de quitter l'Angleterre j'avais légué tous mes biens à mon frère Mycroft. Veuillez transmettre mon bon souvenir à Mrs. Watson et croyez-moi, mon cher ami, très sincèrement vôtre,

Sherlock Holmes

Je n'ajouterai que quelques lignes. L'examen des lieux par des experts permet d'affirmer qu'un combat singulier a opposé les deux hommes et qu'il s'est terminé comme il fallait s'y attendre. Ils ont dû rouler enlacés dans le gouffre.

---

non « en disposer »). **At your disposal** : *à votre service* ou *à votre disposition*.
9. **my greetings** : *mes salutations*. To greet someone : *saluer quelqu'un* ou *lui souhaiter la bienvenue, l'accueillir*. Christmas greetings : *vœux de Noël*.
10. **contest** : *une lutte, un match*. ▲ Contester : **to challenge**. *Une contestation, un litige* : **a difference**.
11. **to reel** : *tituber*.
12. **to lock** : a) *boucler* b) *verrouiller*. A lock : a) *une boucle* (de cheveux) b) *un loquet, un verrou*.
13. **in each other's arms** : *dans les bras l'un de l'autre*. S'il s'agissait d'une mêlée générale on pourrait dire également **in one another's arms**.

Any attempt at recovering[1] the bodies was absolutely hopeless[2], and there, deep down in that dreadful caldron of swirling water and seething[3] foam, will lie for all time the most dangerous criminal and the foremost champion[4] of the law of their generation. The Swiss youth was never found again, and there can be no doubt that he was one of the numerous agents whom Moriarty kept in his employ[5]. As to the gang, it will be within the memory of the public how completely the evidence which Holmes had accumulated exposed[6] their organization, and how heavily[7] the hand of the dead man weighed upon them. Of their terrible chief few details came out during the proceedings[8], and if I have now been compelled to make a clear statement of his career, it is due to those injudicious[9] champions who have endeavored to clear his memory by attacks upon him whom I shall ever regard as the best and the wisest[10] man whom I have ever known.

---

1. **to recover** [ri'covə] : a) *recouvrer la santé, guérir* b) *récupérer*. To recover ['ri:covə] : *couvrir de nouveau, recouvrir*.
2. **hopeless :** *impossible, irréalisable.*
3. **to seethe :** *fermenter, bouillonner.*
4. **champion :** *défenseur, champion.*
5. **in his employ :** *à sa solde.* Employ : *le service mercenaire.* Employment : *l'emploi.* Unemployment : *le chômage.* The unemployed : *les chômeurs.*
6. **to expose :** *démasquer.* ⚠ Exposer : to exhibit. *Une exposition :* an **exhibition.**
7. **how heavily :** m.à.m. *combien lourdement.*

Tenter de retrouver leurs corps était hors de question. Là, au fond de cette eau tourbillonnante, sous ce chaudron d'écume fumante, reposent à jamais le plus dangereux criminel et le plus illustre défenseur de la loi de leur génération. On n'a jamais retrouvé le jeune Suisse : sans doute était-il comme tant d'autres à la solde de Moriarty. Quant à la bande, le public se rappelle encore la multiplicité des preuves que Holmes avait amassées contre elle et, au procès, de quel poids pesa la main du mort. Les débats n'ont pas révélé grand-chose de leur terrible chef. Si j'ai été contraint de faire la lumière sur sa carrière, la responsabilité en incombe à l'indélicatesse de ceux qui ont voulu défendre sa mémoire en attaquant celui que je considérerai à jamais comme le meilleur et le plus sage de tous les hommes que j'aie connus.

---

8. **the proceedings :** *le déroulement, la succession des formalités, les étapes de la cérémonie. Le processus :* the process. *Le procès :* the trial. *Le procédé :* the device.
9. **injudicious :** *mal avisés.*
10. **the best and the wisest :** *le meilleur et le plus sage.* Watson reprend à propos de Holmes l'hommage de Platon à propos de Socrate.

The Adventure of the Empty House

L'Aventure de la maison vide

It was in the spring of the year 1894 that all London was interested, and the fashionable[1] world dismayed[2], by the murder of the Honourable[3] Ronald Adair under most unusual and inexplicable circumstances. The public has already learned those particulars of the crime which came out in the police investigation, but a good deal[4] was suppressed upon that occasion, since the case for the prosecution[5] was so overwhelmingly[6] strong that it was not necessary to bring forward all the facts. Only now, at the end of nearly ten years, am I allowed to supply those missing links[7] which make up the whole of that remarkable chain. The crime was of interest in itself, but that interest was as nothing to me[8] compared to the inconceivable sequel, which afforded[9] me the greatest shock and surprise of any event in my adventurous life. Even now, after this long interval, I find myself thrilling[10] as I think of it, and feeling once more that sudden flood[11] of joy, amazement, and incredulity which utterly[12] submerged my mind. Let me say to that public, which has shown some interest in those glimpses which I have occasionally given them of the thoughts and actions of a very remarkable man, that they are not to blame me[13] if I have not shared my knowledge with them, for I should have considered it my first duty to have done so, had I not been barred[14] by a positive prohibition from his own lips, which was only withdrawn[15] upon the third of last month.

---

1. **fashionable :** *élégant* ou *à la mode.* ≠ **Unfashionable.**
2. **to dismay :** *épouvanter, horrifier.*
3. **the Honourable :** *l'Honorable.* Ce titre est donné aux fils cadets des comtes (**earls**), ce qui est le cas de Ronald Adair, et à un certain nombre de dignitaires.
4. **a good deal, a great deal :** *pas mal de choses, beaucoup.*
5. **the prosecution :** *le ministère public* et ici, par métonymie, *les charges, les preuves accumulées.*
6. **to overwhelm :** *accabler, écraser.* **Overwhelming :** *accablant, écrasant.*
7. **missing link :** *chaînon manquant* (expression rendue célèbre par la théorie darwinienne impliquant l'existence d'un anthropomorphe intermédiaire entre le singe et l'homme).

C'est au printemps de l'année 1894 que l'assassinat de l'Honorable Ronald Adair, dans des circonstances tout à fait singulières et inexplicables, défraya la chronique londonienne et alarma les milieux mondains. Le public connaît déjà les détails que l'enquête de la police a révélés, mais bon nombre de ces détails ont été passés sous silence. L'accusation disposait en effet d'un dossier assez solide pour se dispenser d'en évoquer tous les aspects.

C'est seulement maintenant, près de dix ans plus tard, que je suis autorisé à présenter au lecteur les chaînons manquants de cette remarquable suite de circonstances. L'assassinat présentait un intérêt intrinsèque mais en ce qui me concerne cet intérêt s'avéra négligeable en comparaison de l'incroyable événement dont il fut suivi et qui me procura la plus stupéfiante surprise d'une existence fertile en aventures. Encore maintenant, après l'écoulement des années, je n'y puis songer sans la plus extrême émotion et sans ressentir de nouveau la joie, le doute et l'ébahissement dont je fus soudain tout à la fois saisi. Les lecteurs qui ont pu trouver quelque intérêt aux aperçus que je leur ai donnés des réflexions et des exploits d'un homme hors du commun sont priés d'être indulgents à mon égard : car si, en contradiction avec le premier de mes devoirs envers eux, je leur ai caché ce que je savais, c'est que lui-même s'y était catégoriquement opposé et que cette interdiction n'a été levée que le trois du mois dernier.

---

8. **as nothing to me :** *ne comptait pas à mes yeux* (m.à.m. *comme rien pour moi*).

9. **to afford :** a) *procurer* b) *avoir les moyens de se procurer* ou *de se permettre* (un achat ou une perte d'argent).

10. **thrilling :** *excitant, passionnant.* A thriller : *un récit d'aventures.*

11. **flood :** *un flot, un écoulement, une inondation.* **The Flood** : *le Déluge.*

12. **utterly :** *totalement, complètement.*

13. **they are not to blame me :** *ils ne doivent pas me faire de reproches.* Syn. : they must not blame me.

14. **had I not been barred** = If I had not been barred. To bar : *empêcher, frapper d'un interdit.*

15. **to withdraw** (withdrew, withdrawn) : *enlever, ôter, retirer.* Withdrawal : *un retrait.*

It can be imagined that my close intimacy with Sherlock Holmes had interested me deeply in crime, and that after his disappearance I never failed[1] to read with care the various problems which came before the public. And I even attempted, more than once, for my own private satisfaction, to employ his methods in their solution, though with indifferent success. There was none, however, which appealed to me[2] like this tragedy of Ronald Adair. As I read the evidence at the inquest[3], which led up to a verdict of wilful[4] murder against some person or persons unknown, I realized more clearly than I had ever done the loss[5] which the community had sustained by the death of Sherlock Holmes. There were points about this strange business which would, I was sure, have specially appealed to him, and the efforts of the police would have been supplemented, or more probably anticipated[6], by the trained observation and the alert mind of the first criminal agent in Europe. All day, as I drove upon my round[7], I turned over the case in my mind, and found no explanation which appeared to me to be adequate. At the risk of telling a twice-told tale[8], I will recapitulate the facts as they were known to the public at the conclusion of the inquest.

The Honourable Ronald Adair was the second son of the Earl[9] of Maynooth, at that time governor of one of the Australian colonies. Adair's mother had returned from Australia to undergo[10] the operation for cataract, and she, her son Ronald, and her daughter Hilda were living together at 427 Park Lane.

---

1. **to fail** (to do something) : *manquer* (de faire qqch.). To fail : *faire défaut, échouer*. A failure : *un échec*.
2. **to appeal to someone :** a) *plaire à, tenter, exercer de l'attrait pour qqun ;* sex appeal : *l'attrait sexuel* b) *solliciter l'intercession de qqun, faire appel à*. Court of Appeal : *cour d'appel*.
3. **the inquest :** *l'instruction*. ▲ *L'enquête :* the investigation. The inquiry : *la demande de renseignements*. Please inquire about her health : *informez-vous de son état de santé*.
4. **wilful :** *volontaire*. Wilfully : *volontairement* (≠ unwittingly : *involontairement*).
5. **loss :** *une perte*. To lose, lost, lost : *perdre*. To be at a loss what to do : *ne savoir que faire*.
6. **to anticipate :** a) *prévoir* (syn. to foresee) b) *prendre des mesures préventives, prendre les devants*.

Comme on peut l'imaginer, mon étroite amitié avec Sherlock Holmes avait éveillé mon intérêt pour les affaires criminelles et, lui disparu, j'étudiais toujours attentivement les affaires d'actualité. Plus d'une fois et purement par plaisir j'avais essayé de leur appliquer ses méthodes, mais je n'avais obtenu que de médiocres résultats. Toutefois aucune affaire ne m'avait autant intrigué que la tragédie de Ronald Adair. En lisant les rapports d'instruction, lesquels concluaient à un assassinat prémédité dont l'auteur ou les auteurs demeuraient inconnus, je mesurais mieux que je ne l'avais jamais fait la perte qu'avait causée à la société la mort de Sherlock Holmes. Il y avait dans cette étrange affaire des détails dont j'étais sûr qu'il les eût trouvés particulièrement intéressants et les efforts de la police auraient été renforcés sinon, comme il est plus probable, devancés par la vigilance expérimentée et par l'intelligence lucide du premier des criminologistes européens. Pendant toute la journée, tandis que je me rendais auprès de mes patients, je ruminais les détails de cette affaire sans parvenir à me l'expliquer d'une manière satisfaisante. Au risque de répéter une histoire déjà connue, je vais néanmoins récapituler l'essentiel de ce que l'on pouvait savoir une fois l'instruction terminée.

L'Honorable Ronald Adair était le fils cadet du comte de Maynooth, alors gouverneur d'une des colonies d'Australie. La mère d'Adair était revenue d'Australie pour se faire opérer de la cataracte. Elle habitait au 427 Park Lane avec son fils Ronald et sa fille Hilda.

---

7. **I drove upon my round :** *je fis ma tournée* (en fiacre). **To drive, drove, driven :** *aller en voiture* ou *conduire une voiture*.
8. **a twice-told tale :** m.à.m. *un conte relaté deux fois*. Once : *une fois ;* twice : *deux fois*. Puis three times, four times, etc. Once upon a time... : *il était une fois...* To tell, told, told : *dire* ou *conter*. A taleteller : *un conteur* ou *un « rapporteur »* (qui colporte des potins).
9. **earl :** titre correspondant à celui de *comte* dans la hiérarchie nobiliaire.
10. **to undergo** (underwent, undergone) **an operation :** *subir une opération*. Syn. to suffer.

The youth moved in the best society — had, so far as was known[1], no enemies, and no particular vices. He had been engaged to Miss Edith Woodley, of Carstairs, but the engagement had been broken off[2] by mutual consent[3] some months before, and there was no sign that it had left any very profound feeling behind it. For the rest of the man's life moved in a narrow and conventional circle, for his habits were quiet and his nature unemotional[4]. Yet it was upon this easy-going young aristocrat that death came, in most strange and unexpected form[5], between the hours of ten and eleven-twenty on the night of March 30, 1894.

Ronald Adair was fond of cards — playing continually, but never for such stakes[6] as would hurt him. He was a member of the Baldwin, the Cavendish, and the Bagatelle card clubs. It was shown that, after dinner on the day of his death, he had played a rubber[7] of whist at the latter club. He had also played there in the afternoon. The evidence of those who had played with him — Mr. Murray, Sir John Hardy, and Colonel Moran — showed that the game was whist, and that there was a fairly equal fall[8] of the cards. Adair might have lost five pounds, but not more. His fortune was a considerable one, and such a loss could not in any way affect him. He had played nearly every day at one club or other, but he was a cautious[9] player, and usually rose a winner[10].

---

1. **so far as was known** (to know, knew, known) : *dans la mesure de ce que l'on savait.* As far as I know : *pour autant que je sache.*
2. **to break** (broke, broken) **off** : *rompre, interrompre.* An outbreak : *qqch. qui se déclare brusquement, inopinément.* An outbreak of anger : *une explosion de colère ;* an outbreak of cholera : *une épidémie de choléra.*
3. **consent** : *consentement.* To consent : *donner son consentement.*
4. **unemotional** : *calme, flegmatique, peu démonstratif.*
5. **in most strange and unexpected form** : noter l'absence (facultative) de l'article, lequel se placerait devant **most**.
6. **stakes** : *les enjeux.* To be at stake : *être mis en jeu.* Ex. : his life was at stake : *il y allait de sa vie, il risquait sa vie.*
7. **a rubber** : *une partie de whist* ou *de bridge* (cf. français *robre*). Rubber : *caoutchouc.* A rubber ball : *une balle de caoutchouc.*

Le jeune homme fréquentait la meilleure société. On ne lui connaissait aucun ennemi ni aucun vice. Il avait été fiancé à Miss Edith Woodley, de Carstairs, mais d'un commun accord ils avaient rompu et en apparence l'épisode ne semblait pas l'avoir beaucoup marqué. Son existence s'écoulait dans un cercle restreint et conventionnel, il vivait tranquillement et n'était pas d'un naturel émotif. Or c'est pourtant cet aristocrate sans histoire que la mort vint surprendre de la manière la plus bizarre et la plus inopinée, entre dix heures et onze heures et demie au soir du 30 mars 1894.

Ronald Adair aimait jouer aux cartes. Il y passait le plus clair de son temps, mais jamais pour des enjeux qu'il ne pouvait se permettre. Il était membre de plusieurs cercles : le Baldwin, le Cavendish et le Bagatelle. Il fut établi qu'il avait fait, après dîner, une partie de whist à ce club le soir de sa mort. Il y avait également joué au cours de l'après-midi. Ses partenaires — Mr. Murray, Sir John Hardy et le colonel Moran — avaient témoigné qu'on avait joué au whist et que dans l'ensemble il n'y avait pas eu de grosses différences. Adair ne pouvait, au pire, avoir perdu plus de cinq livres. Or il était très riche et une perte si minime ne pouvait pas l'affecter le moins du monde. Il se rendait tous les jours à l'un de ses clubs pour jouer aux cartes, mais il était très prudent et généralement il gagnait.

---

8. **a fairly equal fall** : m.à.m. *une chute assez égale,* c'est-à-dire une distribution équilibrée et une compensation équilibrée des gains et des pertes. **To fall, fell, fallen** : *tomber.* **To deal (dealt, dealt) the cards** : *distribuer les cartes.* **A hand** : *une « main »* (les cartes que l'on a en main). **The dummy** (= *le mannequin*) : *le mort* au bridge. **Clubs** : *les trèfles ;* **diamonds** : *les carreaux ;* **hearts** : *les cœurs ;* **spades** : *les piques.* **Trumps** : *les atouts.* **To trump** : *couper.*

9. **cautious** : *prudent.* **Caution** : *la prudence.* **Careful !** : *attention ! prudence !*

10. **rose a winner** : m.à.m. *se levait* (de table) *gagnant* (**to rise, rose, risen**).

It came out in evidence that, in partnership[1] with Colonel Moran, he had actually won as much as four hundred and twenty pounds in a sitting[2], some weeks before, from Godfrey Milner and Lord Balmoral. So much for[3] his recent history as it came out at the inquest.

On the evening of the crime, he returned from the club exactly at ten. His mother and sister were out spending the evening with a relation[4]. The servant deposed that she heard him enter the front room on the second floor[5], generally used as his sitting-room. She had lit a fire there, and as it smoked she had opened the window. No sound was heard from the room[6] until eleven-twenty, the hour of the return of Lady Maynooth and her daughter. Desiring to say good-night, she attempted[7] to enter her son's room. The door was locked on the inside[8], and no answer could be got[9] to their cries and knocking. Help was obtained, and the door forced. The unfortunate young man was found lying near the table. His head had been horribly mutilated by an expanding[10] revolver bullet, but no weapon of any sort was to be found in the room. On the table lay two banknotes for ten pounds each and seventeen pounds ten in silver and gold, the money arranged in little piles[11] of varying amount. There were some figures[12] also upon a sheet[13] of paper, with the names of some club friends opposite to them, from which[14] it was conjectured that before his death he was endeavouring to make out his losses or winnings at cards.

---

1. **partnership** : *l'association, le double* (au tennis, au bridge).
2. **a sitting** : *une soirée* ou *un après-midi de jeu*. To sit, sat, sat : *être assis*. A session : *une session*. ⚠ A seance : *une séance de spiritisme* (tables tournantes, médiums, etc.).
3. **so much for** : *voilà pour ce qui est de, pour ce qui concerne* (m.à.m. *autant pour*).
4. **relation, relative** : *un(e) parent(e)*. To be related to : *être apparenté à*. Parents : *le couple parental*. Des relations : connections.
5. **second floor** : il s'agit en fait du *premier étage* si, comme aux États-Unis, on appelle le *rez-de-chaussée* first floor.
6. **from the room** : *provenant de la pièce*.
7. **to attempt** : *tenter, essayer de*. An attempt : *une tentative* ou *une tentative d'assassinat* (cf. *attenter* aux jours, à la vie de qqun).

L'enquête révéla qu'avec le colonel Moran comme partenaire il avait, quelques semaines auparavant, en jouant contre Godfrey Milner et Lord Balmoral, gagné la coquette somme de quatre cent vingt livres en une soirée. Voilà, pour l'essentiel, ce que l'on avait appris sur lui lors de l'instruction.

Le soir du crime il était revenu du club à dix heures précises. Sa mère et sa sœur étaient sorties pour passer la soirée chez une parente. La bonne déclara qu'elle l'avait entendu entrer dans la pièce principale du premier étage, qui lui servait habituellement de salle de séjour. Elle avait allumé du feu dans la cheminée et à cause de la fumée elle avait ouvert la fenêtre. Elle n'entendit aucun bruit avant onze heures vingt, heure à laquelle Lady Maynooth revint avec sa fille. Elle voulut entrer dans la chambre de son fils pour lui dire bonne nuit. La porte était fermée à clé de l'intérieur. Les deux femmes frappèrent et appelèrent à plusieurs reprises, mais elles n'obtinrent aucune réponse. On dut appeler de l'aide pour forcer la porte. Le corps du malheureux jeune homme gisait sur le sol, près de la table. Une balle explosive lui avait horriblement déchiqueté la tête mais on ne trouva pas dans la pièce l'arme qui avait tiré cette balle. Sur la table il y avait deux billets de dix livres et une somme de dix-sept livres et dix shillings, en pièces d'or et d'argent rangées en petites piles de valeurs différentes. Il y avait aussi une feuille de papier couverte de chiffres en face desquels figuraient les noms de certains membres des cercles fréquentés par la victime. Ce détail permit de supposer qu'avant de mourir Adair était en train d'établir la liste de ses gains et de ses pertes au jeu.

---

8. **on the inside :** *de l'intérieur.* The outside : *l'extérieur.* Inside knowledge : *des renseignements confidentiels.* To know something inside out : *connaître qqch. à fond.* ⚠ *Le ministère de l'Intérieur :* the Home Office.
9. **to get** (got, got) : *obtenir, se procurer.*
10. **expanding :** *qui se dilate en explosant.*
11. **piles :** *des piles.* ▲ *Pile électrique :* battery.
12. **figure :** a) *une silhouette* b) *un chiffre.* To figure out : *calculer, estimer.*
13. **sheet :** a) *drap* b) *feuille de papier.*
14. **from which :** *et d'après cela.* Which joue ici le rôle de relatif de liaison, ayant un antécédent virtuel (les faits évoqués) et non un élément syntaxique précis.

A minute[1] examination of the circumstances served only to make the case more complex. In the first place, no reason could be given why the young man should have fastened[2] the door upon the inside. There was the possibility that the murderer had done this, and had afterwards escaped by the window. The drop[3] was at least twenty feet, however, and a bed of crocuses in full bloom[4] lay beneath. Neither the flowers nor[5] the earth showed any sign of having been disturbed, nor were there[6] any marks upon the narrow strip of grass which separated the house from the road. Apparently, therefore, it was the young man himself who had fastened the door. But how did he come by[7] his death ? No one could have climbed up to the window without leaving traces. Suppose[8] a man had fired through the window, he would indeed[9] be a remarkable shot who could with a revolver inflict so deadly a wound. Again, Park Lane is a frequented thoroughfare[10]; there is a cabstand within a hundred yards of the house. No one had heard a shot. And yet there was the dead man, and there the revolver bullet, which had mushroomed out[11], as soft-nosed bullets[12] will, and so inflicted a wound which must have caused instantaneous death. Such were the circumstances of the Park Lane Mystery, which were further[13] complicated by entire absence of motive, since, as I have said, young Adair was not known to have any enemy[14], and no attempt had been made to remove the money or valuables in the room.

---

1. **minute** : a) *minuscule* b) *méticuleux*.
2. **why... should have fastened** : à la différence de **why... had fastened**, cette forme vise non la raison pour laquelle on a fermé la porte mais le bien-fondé de cette raison (que l'on ignore toujours).
3. **the drop** : *la hauteur du vide*. To drop : *tomber en chute libre.* Argot américain **drop dead** ! : *va au diable !*
4. **in full bloom** : *en pleine floraison.* To bloom : *fleurir, s'épanouir.*
5. **neither... nor** : *ni... ni.*
6. **nor were there** = and there were not either : *et il n'y avait pas non plus...*
7. **to come** (came, come) **by** : *obtenir, recevoir par hasard, accidentellement.*
8. **suppose** : *à supposer que* (syn. **if**).

L'examen minutieux des détails ne faisait qu'ajouter à la complexité de l'affaire. D'une part on était incapable d'expliquer pourquoi le jeune homme s'était enfermé à clé. Peut-être était-ce l'œuvre de l'assassin, lequel aurait alors pris la fuite par la fenêtre. Mais en ce cas il avait dû tomber d'une hauteur de vingt pieds sur un lit de crocus situé juste en dessous. Or ni les fleurs ni la terre ne portaient de trace de chute ; ni non plus l'étroite bande de pelouse située entre la maison et la route. C'est donc vraisemblablement le jeune homme qui, lui-même, s'était enfermé. Mais comment avait-il trouvé la mort ? Personne n'aurait pu escalader la fenêtre sans laisser de traces. Et à supposer qu'un homme ait tiré par la fenêtre, ce devait être un tireur exceptionnel pour infliger une blessure aussi mortelle avec un revolver. D'autre part, Park Lane est une artère fréquentée. Il y a une station de fiacres située à cent yards de la maison. Personne n'avait entendu de détonation. Et pourtant il y avait bien un cadavre et, à côté, la balle qui était ressortie sous le coup de son explosion, comme le font les balles de ce type, après avoir causé la mort instantanée de la victime. Voilà tout ce que l'on savait du mystère de Park Lane, que la totale absence de mobiles rendait encore plus compliqué : comme je l'ai dit, on ne connaissait aucun ennemi au jeune Adair et l'on n'avait pas cherché à s'emparer de l'argent ou des objets de valeur qui se trouvaient dans la pièce.

---

9. **indeed** (= in-deed : *en fait*) : *en vérité, vraiment.* Renforce l'affirmation : yes, indeed *(oui, c'est certain)* ou la dénégation : indeed, not *(non, absolument pas, à aucun prix).*
10. **thoroughfare** : *une voie de passage.*
11. **to mushroom out :** *se dilater* (out) *en forme de champignon* (mushroom).
12. **soft-nosed bullets :** m.à.m. *des balles au nez tendre.*
13. **further :** *en outre, davantage.* Further n'est que la transformation de farther (*plus loin*). Le verbe to further signifie *faire avancer, promouvoir* (un projet, ses intérêts). Curieusement further possède une forme comparative, **furthermore**, qui fait double emploi.
14. **was not known to have any enemy :** *on ne lui connaissait pas d'ennemis.* Noter le fréquent emploi du passif lorsqu'il s'agit d'évoquer des faits de caractère personnel : procédé de discrétion correspondant à l'usage du *on* en français.

All day I turned these facts over in my mind, endeavouring to hit[1] upon some theory which could reconcile them all, and to find that line of least resistance which my poor friend had declared to be the starting-point of every investigation. I confess that I made little progress[2]. In the evening I strolled[3] across the park, and found myself about six o'clock at the Oxford Street end of Park Lane. A group of loafers[4] upon the pavements, all staring up at[5] a particular window, directed me[6] to the house which I had come to see. A tall, thin man with coloured glasses, whom I strongly suspected of being a plain-clothes[7] detective, was pointing out some theory of his own, while the others crowded round to listen to what he said. I got as near him as I could, but his observations seemed to me to be absurd, so I withdrew again in some disgust. As I did so I struck against an elderly, deformed man, who had been behind me, and I knocked down several books which he was carrying. I remember that as I picked them up, I observed the title of one of them, "The Origin of Tree Worship[8]," and it struck me that the fellow must be some poor bibliophile, who, either as a trade or as a hobby, was a collector of obscure[9] volumes. I endeavoured[10] to apologize for the accident, but it was evident that these books which I had so unfortunately maltreated were very precious objects in the eyes[11] of their owner. With a snarl[12] of contempt he turned upon his heels, and I saw his curved back and white side-whiskers[13] disappear among the throng[14].

---

1. **to hit** (hit, hit) : a) *frapper* b) *tomber sur accidentellement, faire une découverte.*
2. **progress** = singulier (gouverne un verbe au sing.) ayant un sens pluriel : *des progrès.*
3. **to stroll** : *déambuler, se balader.*
4. **to loaf** : *traîner, badauder.* Loaf : a) *un badaud, un oisif* b) *un pain* (a bread loaf : *un pain de boulanger*, a sugar loaf : *un pain de sucre*).
5. **to stare up at** : *regarder en l'air* (up) *avec insistance* (stare) *un objet particulier* (at).
6. **to direct someone** : *montrer son chemin à qqun.* ▲ *Diriger* : to lead (led, led).
7. **plain-clothes** : m.à.m. *en simples vêtements* = *sans uniforme, en civil.*
8. **worship** : *le culte.* To worship : *adorer, vénérer.* (His, Your)

140

Pendant toute la journée j'avais remué ces idées dans ma tête, en essayant de découvrir une théorie susceptible d'en rendre compte et la faille dont mon malheureux ami avait coutume de dire qu'elle était le point de départ de toute enquête. J'avoue que je ne faisais guère de progrès. Le soir j'allai faire un tour dans Hyde Park et vers les six heures je me trouvais à la hauteur d'Oxford Street et de Park Lane. Sur les trottoirs il y avait une foule de badauds à la fenêtre d'une maison, celle que j'étais venu examiner. Un homme grand et maigre qui portait des lunettes aux verres teintés et dont je me dis que c'était un policier en civil était en train d'exposer sa théorie et l'on faisait cercle autour de lui pour l'écouter. Je m'en approchai d'aussi près que je pus mais ses déductions me paraissaient totalement invraisemblables que, dégoûté, je m'en allai. Au passage je bousculai un vieillard à la silhouette tordue et qui se tenait derrière moi. Je fis tomber plusieurs livres qu'il portait. Je les ramassai et notai le titre d'un volume — *L'Origine du culte de l'arbre* — et il me vint à l'esprit que ce type était sans doute un pauvre bibliophile qui collectionnait des livres rares, soit pour son compte, soit pour les revendre. Je fis de mon mieux pour m'excuser, mais il était visible que les volumes que j'avais mis à mal avaient une grande valeur aux yeux de leur propriétaire. Celui-ci me tourna le dos en grommelant et je vis son dos voûté et ses favoris blancs se fondre dans la cohue.

Worship : forme honorifique pour s'adresser à un maire ou à un magistrat.
9. **obscure :** *presque inconnu, obscur.* **Dark :** *obscur, sombre. L'obscurité, les ténèbres :* **darkness.**
10. **to endeavour :** *s'efforcer de.* **An endeavour :** *une tentative, un effort.*
11. **in the eyes :** *aux yeux, selon.*
12. **snarl :** *un grognement, un râle de mécontentement.* **To snarl :** *gronder d'un air menaçant* (un chien).
13. **side-whiskers :** *des favoris.*
14. **throng** (syn. **crowd**) : *une foule, une cohue.* **To throng :** *embouteiller, s'amasser.*

My observations of No. 427 Park Lane did little to clear up the problem in which I was interested. The house was separated from the street by a low wall and railing[1], the whole not more than five feet high. It was perfectly easy, therefore, for any one to get into the garden, but the window was entirely inaccessible, since there was no waterpipe[2] or anything which could help the most active man to climb it. More puzzled than ever, I retraced my steps to Kensington. I had not been in my study five minutes when the maid entered to say that a person desired to see me. To my astonishment it was none other than my strange old book collector, his sharp, wizened[3] face peering out from a frame of white hair, and his precious volumes, a dozen of them at least, wedged[4] under his right arm.

"You're surprised to see me, sir," said he, in a strange, croaking[5] voice.

I acknowledged[6] that I was.

"Well, I've a conscience, sir, and when I chanced to[7] see you go into this house, as I came hobbling[8] after you, I thought to myself, I'll just step in and see that kind gentleman, and tell him that if I was a bit gruff[9] in my manner there was not any harm meant, and that I am much obliged to him for picking up my books."

"You make too much of[10] a trifle[11]," said I. "May I ask how you knew who I was ?"

"Well, sir, if it isn't too great a liberty, I am a neighbour of yours[12], for you'll find my little bookshop at the corner of Church Street, and very happy to see you, I am sure[13].

---

1. **railing** : *une grille* formée de **rails** (barreaux métalliques verticaux et parallèles). Une grille formée par l'entrecroisement de fils métalliques : **a grid**.
2. **waterpipe** : *canalisation d'eau*. **Pipe**: a) *une pipe* b) *un tuyau*. **Pipe-line** : m.à.m. *une ligne de tuyau* = *un pipe-line*.
3. **wizened** [wizənd] : *desséché, ratatiné,* comme la peau d'une pomme sèche.
4. **to wedge** : *coincer, caler*. A **wedge** : *un coin* (menuiserie).
5. **to croak** : a) *croasser* b) (par analogie) *parler d'une voix cassée.*
6. **to acknowledge** : *admettre, reconnaître*. **Acknowledgment** : a) *acquiescement* b) *remerciement public, reconnaissance d'une obligation*. **To acknowledge one's debt to someone** : *reconnaître sa dette envers qqun*.
7. **to chance to do something** : *faire qqch. par hasard*. **To**

Ce que j'avais pu voir au 427 Park Lane n'avait guère contribué à clarifier le mystère qui me préoccupait. La maison était séparée de la rue par un muret surmonté d'une grille et le tout n'avait guère plus de cinq pieds de hauteur. Il était donc à la portée de n'importe qui d'entrer dans le jardin. En revanche la fenêtre était inaccessible car il n'y avait aucune gouttière ni aucune prise susceptibles d'encourager un grimpeur téméraire. Au comble de la perplexité je rebroussai chemin vers Kensington. Je n'étais pas dans mon cabinet depuis cinq minutes que la femme de chambre vint annoncer une visite. Je fus stupéfait de voir qu'il s'agissait tout bonnement de mon vieux bonhomme de bibliophile. Il avait un visage anguleux et tout fripé sous ses cheveux blancs et de son bras droit il enserrait contre lui une bonne douzaine de ses précieux volumes.

— Vous semblez surpris de me voir, Monsieur, dit-il d'une voix toute cassée.

Je n'en disconvins pas.

— C'est que, Monsieur, je n'avais pas la conscience tranquille et quand, par hasard, je vous ai vu entrer dans cette maison, j'ai trotté derrière vous en pensant que je ferais bien d'aller dire à ce brave monsieur que j'ai été un peu grossier, qu'il n'y avait pas grand mal après tout, et que je lui savais gré d'avoir ramassé mes livres.

— Cela ne vaut pas la peine d'en parler, lui dis-je. Puis-je vous demander comment vous saviez qui je suis ?

— Eh bien, Monsieur, si je puis me permettre, je suis un de vos voisins. Vous trouverez ma petite boutique au coin de Church Street et, pour sûr, je suis très heureux de vous voir.

---

chance it : *tenter la chose, risquer le coup.* ▲ **Chance** : *le hasard, la fortune.* Ex. : "If chance will have me king, why, chance may crown me" : *Si la fortune veut que je sois roi, eh bien, la fortune peut bien me couronner* (Shakespeare, *Macbeth*).

8. **to hobble** : *clopiner.*
9. **gruff** : *rébarbatif, peu amène.*
10. **to make** (made, made) **too much of something** : *faire trop de cas de qqch.*
11. **a trifle** : *une bagatelle, une peccadille, un rien.*
12. **a neighbour of yours** : *un de vos voisins.* Cf. a friend of theirs : *un de leurs amis ;* a cousin of mine : *un(e) de mes cousin(e)s.*
13. **I am sure** : m.à.m. *je suis sûr.* Forme populaire (= *pas de doute*).

Maybe you collect yourself, sir. Here's 'British Birds,' and 'Catullus[1],' and 'The Holy[2] War' — a bargain every one of them. With five volumes you could just fill that gap[3] on that second shelf. It looks untidy[4], does it not, sir?"

I moved my head to look at the cabinet behind me. When I turned again, Sherlock Holmes was standing smiling at me across my study table. I rose to my feet, stared at him for some seconds in utter amazement, and then it appears[5] that I must have fainted for the first and the last time in my life. Certainly a grey mist swirled[6] before my eyes, and when it cleared I found my collar-ends[7] undone and the tingling aftertaste[8] of brandy upon my lips. Holmes was bending over my chair, his flask in his hand.

"My dear Watson," said the well-remembered voice, "I owe[9] you a thousand apologies. I had no idea that you would be so affected."

I gripped[10] him by the arm.

"Holmes!" I cried. "Is it really you? Can it indeed be that you are alive? Is it possible that you succeeded in climbing out of that awful abyss?"

"Wait a moment," said he. "Are you sure that you are really fit[11] to discuss things? I have given you a serious shock by my unnecessarily dramatic[12] reappearance."

"I am all right, but indeed, Holmes, I can hardly believe my eyes. Good Heavens! to think that you — you of all men — should be standing in my study." Again I gripped him by the sleeve, and felt the thin, sinewy[13] arm beneath it. "Well, you're not a spirit[14], anyhow," said I.

---

1. **Catullus :** poète latin du 1ᵉʳ siècle av. J.-C.
2. **holy :** *saint, sacré.* Holiness : *sainteté.* Mais les noms de saints sont, comme en français, précédés de St. On dit Saint George, Saint Andrew, Saint Patrick, Saint David.
3. **gap :** *vide, lacune.*
4. **untidy :** *négligé.* To tidy up : *ranger, mettre de l'ordre.*
5. **it appears** (syn. it seems) : *il semble, il paraît que.* ⚠ *paraître* (publication) : to be published. Just published : *vient de paraître.*
6. **to swirl :** *tournoyer.*
7. **collar-ends :** *extrémités de col.* Watson porte une chemise à col détachable.
8. **aftertaste :** *arrière-goût.* ≠ Foretaste : *un avant-goût.*

Vous êtes peut-être collectionneur vous aussi. J'ai là *Oiseaux des îles Britanniques*, *Catulle* et *La Guerre sainte*, tous à des prix intéressants. Avec cinq volumes vous pourriez combler parfaitement le vide sur votre deuxième étagère. Ne trouvez-vous pas qu'il fait mauvais effet, Monsieur ?

Je tournai la tête pour regarder la bibliothèque qui se trouvait derrière moi et quand je me retournai de nouveau je vis Sherlock Holmes debout devant moi et qui me souriait de l'autre côté de mon bureau. Je me levai et restai à le regarder pendant quelques secondes au comble de la stupéfaction. On m'apprit plus tard que pour la première et la dernière fois de ma vie je m'étais évanoui. Effectivement je vis comme un brouillard surgir devant mes yeux et quand il se dissipa je m'aperçus que le col de ma chemise était ouvert et que j'avais sur les lèvres la piquante saveur du cognac. Holmes était penché au-dessus de moi et il avait son flacon à la main.

— Mon cher Watson, murmura la voix si familière, je vous dois mille excuses. Je n'aurais jamais cru que vous seriez bouleversé à ce point.

Je lui saisis le bras.

— Holmes ! m'écriai-je. Est-ce bien vous ? Se peut-il vraiment que vous soyez vivant ? Est-il possible que vous ayez réussi à vous sortir de cet horrible précipice ?

— Un instant, dit-il. Êtes-vous sûr d'être en état de parler de tout ça ? Ma façon inutilement spectaculaire de me présenter vous a sérieusement ébranlé.

— Je vais bien, Holmes. Mais je n'en crois pas mes yeux. Juste ciel ! Est-ce bien vous que je vois ici debout dans mon cabinet ?

Je le saisis une fois de plus par la manche pour m'assurer de la réalité de son bras musclé et nerveux.

---

9. **to owe :** *devoir, avoir une dette.* **An I.O.U.** (= **I owe you**) : *un reçu, une reconnaissance de dette.*
10. **to grip :** *saisir fermement, agripper.*
11. **fit :** *en bon état, dispos.* **Unfit :** *qui ne convient pas* ou *qui n'est pas en état.*
12. **dramatic :** *spectaculaire.* **Drama :** *le théâtre, la production théâtrale.* **Un drame :** a tragedy.
13. **sinewy :** *musclé, nerveux.* **A sinew :** *un tendon.*
14. **spirit :** a) *esprit désincarné, fantôme* b) *courage* (spirited : *courageux*) c) *état d'esprit.* **To be in high spirits :** *avoir le moral ;* ≠ **to be in low spirits :** *être démoralisé.*

"My dear chap, I'm overjoyed[1] to see you. Sit down, and tell me how you came alive out of that dreadful chasm[2]."

He sat opposite to me, and lit a cigarette in his old, nonchalant manner. He was dressed in the seedy[3] frock-coat of the book merchant, but the rest of that individual[4] lay in a pile of white hair and old books upon the table. Holmes looked even thinner and keener[5] than of old[6], but there was a dead-white tinge in his aquiline face which told me that his life recently had not been a healthy[7] one.

"I am glad to stretch myself[8], Watson," said he. "It is no joke[9] when a tall man has to take a foot off his stature for several hours on end[10]. Now, my dear fellow, in the matter of these explanations, we have, if I may ask for your co-operation, a hard and dangerous night's work[11] in front of us. Perhaps it would be better if I gave you an account[12] of the whole situation when that work is finished."

"I am full of curiosity. I should much prefer[13] to hear now."

"You'll come with me to-night ?"

"When you like and where you like."

"This is, indeed, like the old days[14]. We shall have time for a mouthful of dinner[15] before we need go. Well, then, about that chasm. I had no serious difficulty in getting out of it, for the very simple reason that I never was[16] in it."

"You never were in it ?"

---

1. **overjoyed :** *comblé de joie* (m.à.m. *submergé de joie*).
2. **chasm :** *gouffre, précipice.*
3. **seedy :** *minable, miteux.* Seed : *la graine, la semence.*
4. **the rest of that individual :** m.à.m. *le reste de cet individu.*
5. **keen :** a) *aigu, acéré* b) *ardent, passionné, nerveux.*
6. **of old :** *du* ou *au temps passé.*
7. **healthy :** *sain, bon pour la santé.* Health : *la santé.* A health resort : *une station pour curistes.* To heal : *guérir, se cicatriser.* Healing : *la guérison.* A healer : *un guérisseur.*
8. **to stretch :** *étirer, étendre, allonger.* To stretch oneself : a) *se dégourdir les jambes* b) *s'étendre* (sur une question).
9. **no joke :** *pas une plaisanterie.* To joke : *blaguer.* A joker : *un plaisantin.* A practical joke : *une farce.*
10. **several hours on end :** *plusieurs heures d'affilée.*
11. **a night's work :** *une nuit de travail.* Rappelons que le ['s] servant à former le complément de nom s'emploie seulement

— Non, de toute façon, dis-je, vous n'êtes pas un fantôme. Je suis vraiment au comble de la joie de vous revoir, mon vieux. Asseyez-vous et dites moi plutôt comment vous êtes sorti vivant de cet affreux précipice.

Assis vis-à-vis de moi, il avait allumé une cigarette avec sa nonchalance si caractéristique. Il portait toujours sa redingote élimée de bouquiniste mais le reste de son déguisement — la perruque blanche et les vieux livres — était empilé sur la table. Holmes paraissait encore plus mince et plus alerte qu'avant, mais la pâleur de son visage d'aigle me disait qu'il avait dû mener récemment une existence mouvementée.

— Je ne suis pas fâché de m'étirer un peu, Watson, dit-il. Pour un homme de grande taille ce n'est pas drôle de devoir réduire sa stature de trente centimètres pendant des heures d'affilée. Toujours est-il, mon cher ami, que, sous réserve que vous m'assuriez votre coopération, une nuit difficile et dangereuse nous attend. Il vaudrait peut-être mieux que je remette à plus tard le compte rendu de la situation.

— Je suis trop curieux pour attendre et j'aimerais bien mieux que vous me racontiez maintenant.

— Vous acceptez de m'accompagner cette nuit ?

— Quand vous voudrez et où vous voudrez.

— Voilà qui nous ramène au bon vieux temps. Avant d'y aller nous aurons le temps de nous restaurer légèrement. Quant à ce précipice, je n'ai pas eu grand mal à en sortir pour la raison très simple que je n'y suis jamais tombé.

— Vous n'y êtes jamais tombé ?

---

dans deux cas : a) lorsque le possesseur est un être animé (une personne ou un animal) b) lorsque l'on envisage une durée : **a month's rest, a week's holiday.**
12. **an account :** a) *une relation, un récit* b) *un compte.* **A chartered accountant :** *un comptable agréé.* **To account for :** *expliquer* (une difficulté, un mystère), *rendre des comptes.*
13. **much** (ou very much) **prefer :** *préférer de beaucoup.*
14. **the old days** (ou encore : **the good old days, the olden days**) : *le bon vieux temps.*
15. **a mouthful of dinner :** *un dîner sur le pouce.* Mouthful : *une bouchée.* **To speak (spoke, spoken) a mouthful :** *déclarer qqch. de particulièrement important, qui mérite d'être retenu.*
16. **I never was :** notez la place de l'adverbe, fréquemment juste devant le verbe. Cf. **I should much prefer.**

"No, Watson, I never was in it. My note to you was absolutely genuine[1]. I had little doubt that I had come to the end of my career when I perceived the somewhat sinister figure of the late Professor Moriarty standing upon the narrow pathway which led to safety. I read an inexorable purpose[2] in his grey eyes. I exchanged some remarks with him, therefore, and obtained his courteous permission to write the short note which you afterwards received. I left it with my cigarette-box and my stick, and I walked along the pathway, Moriarty still at my heels[3]. When I reached the end I stood at bay[4]. He drew no weapon, but he rushed at me and threw his long arms around me. He knew that his own game was up[5], and was only anxious to revenge himself upon me. We tottered[6] together upon the brink[7] of the fall. I have some knowledge, however, of baritsu, or the Japanese system of wrestling[8], which has more than once been very useful to me. I slipped through his grip, and he with a horrible scream kicked madly for a few seconds, and clawed[9] the air with both his hands. But for all his efforts[10] he could not get his balance[11], and over he went. With my face over the brink, I saw him fall for a long way. Then he struck a rock, bounded off[12], and splashed into the water."

I listened with amazement to this explanation, which Holmes delivered[13] between the puffs of his cigarette.

"But the tracks[14] !" I cried. "I saw, with my own eyes, that two went down the path and none returned."

---

1. **genuine :** *authentique, véritable.*
2. **purpose :** *résolution, détermination, objectif.*
3. **at my heels :** *sur mes talons.* To heel : *obéir à la lettre, avec la docilité d'un chien.* Heel, Rex ! : *au pied, Rex !* (ordre donné à un chien). To be heels over head in love with someone : *être éperdument amoureux de qqun.*
4. **to stand** (stood, stood) **at bay :** *être aux abois* (c'est l'origine étymologique de l'expression **at bay**). Bay a d'autre part les mêmes sens que le français *baie* : **the Bay of Biscay** : *le golfe de Gascogne* ; a bay window : *une baie vitrée.*
5. **his own game was up :** m.à.m. *son jeu était fini* = *il n'avait plus rien à perdre, il était fichu.*
6. **to totter :** *tituber.* To toddle : *tituber comme un très jeune enfant.* A toddler : *un enfant qui fait ses premiers pas.*
7. **the brink :** *le bord du gouffre.* Brinkmanship (en politique) : *la politique du bord du gouffre.*

— Non, Watson, jamais. Le message que je vous avais laissé était absolument sincère. Il ne faisait pour moi guère de doute que ma carrière touchait à sa fin dès lors que j'avais aperçu la sinistre silhouette de feu le professeur Moriarty sur l'étroit sentier qui m'eût permis de me sauver. Il y avait dans ses yeux gris l'expression d'une volonté inflexible. Nous échangeâmes quelques remarques et il m'accorda courtoisement l'autorisation de rédiger la brève note que vous avez reçue ensuite. Je la déposai avec mon étui à cigarettes et ma canne avant de continuer sur le sentier, talonné par Moriarty. Parvenu au bout du sentier je me trouvais acculé. Il ne brandit aucune arme, mais il se jeta sur moi, m'enserrant de ses longs bras. Il se savait perdu et n'avait plus d'autre idée que de se venger de moi. Nous avons titubé au bord du précipice. Je possède toutefois quelques notions de baritsu : c'est une méthode de lutte japonaise qui m'a plus d'une fois rendu service. Je réussis à lui échapper et, ayant perdu l'équilibre, il se débattit pendant quelques instants en poussant d'horribles hurlements, battant des pieds et cherchant vainement à saisir quelque chose du bout des ongles. Mais ses efforts ne lui servirent à rien et il bascula dans le vide. Penché au-dessus du gouffre je fus le témoin de sa longue chute. Il finit par rebondir sur un rocher et disparut dans le torrent avec un immense plouf.

J'avais écouté avec stupéfaction ce récit calmement débité entre quelques bouffées de fumée.

— Mais les empreintes... ! J'ai vu, de mes yeux vu, que deux empreintes descendaient le sentier et qu'aucune ne remontait.

---

8. **wrestling** : *la lutte à mains nues.* **To wrestle** : *lutter.* Rappelons : **to fight, fought, fought** : *combattre, se battre ;* **to struggle** : *lutter* (pour obtenir qqch. : **struggle for life** : *la lutte pour la vie*).
9. **to claw** : *griffer, vouloir abattre ses griffes.* **Claw** : *une griffe. Griffonner :* **to scribble**.
10. **for all his efforts** = in spite of, despite all his efforts.
11. **balance** : *l'équilibre.* **To balance** : *équilibrer.* ▲ *Une balance :* **scales**. *Une balançoire :* **a swing**.
12. **to bound off** : *rebondir contre une surface dure.*
13. **to deliver** : *émettre* ou *remettre.* **Postal delivery** : *la distribution du courrier.*
14. **tracks :** *des traces profondes, des lignes faciles à repérer ;* **railway tracks** : *des voies ferrées.*

"It came about in this way[1]. The instant that the Professor had disappeared, it struck me what a really extraordinarily lucky chance Fate[2] had placed in my way. I knew that Moriarty was not the only man who had sworn[3] my death. There were a least three others whose desire for vengeance upon me would only be increased by the death of their leader. They were all most dangerous men. One or other[4] would certainly get me. On the other hand, if all the world was convinced that I was dead they would take liberties, these men, they would soon lay themselves open, and sooner or later I could destroy them. Then it would be time for me to announce that I was still in the land of the living. So rapidly does the brain[5] act that I believe I had thought this all out[6] before Professor Moriarty had reached the bottom of the Reichenbach Fall.

"I stood up and examined the rocky wall behind me. In your picturesque account of the matter, which I read with great interest some months later, you assert that the wall was sheer. That was not literally true. A few small footholds[7] presented themselves, and there was some indication of a ledge[8]. The cliff is so high that to climb it all was an obvious impossibility, and it was equally impossible to make my way along the wet path without leaving some tracks. I might, it is true, have reversed[9] my boots, as I have done on similar occasions, but the sight of three sets of tracks in one direction would certainly have suggested a deception[10]. On the whole, then, it was best that I should risk the climb. It was not a pleasant business, Watson. The fall roared beneath me.

---

1. **it came about this way :** *c'est ainsi que c'est arrivé.* About ajoute ici une notion de contingence.
2. **fate :** *le destin, la destinée.*
3. **to swear** (swore, sworn) : *jurer. Un serment :* an oath.
4. **one or other :** pour one or another of them.
5. **the brain :** *le cerveau.* Brainy : *intelligent.* Brainwork : *un travail de réflexion.* Brain child : *une œuvre qui est le fruit de l'intelligence.*
6. **to think** (thought, thought) **something out :** *inventer, imaginer* (un truc, un stratagème).
7. **foothold :** *une marche, une encoche où poser le pied.*
8. **ledge :** *un rebord.*
9. **to reverse :** *aller en marche arrière.* The reverse gear : *la*

— Voilà ce qui s'est passé : lorsque le professeur eut disparu je compris que le hasard venait de me fournir une occasion exceptionnelle. Je savais bien que Moriarty n'était pas le seul à avoir juré ma mort. Il y en avait au moins trois que la disparition de leur chef allait rendre encore plus acharnés. C'étaient des individus extrêmement dangereux et l'un d'eux finirait certainement par me supprimer. Par contre, si le monde entier me tenait pour mort, ces individus finiraient bien un jour par s'exposer et moi par les détruire. Je pourrais alors faire savoir que j'étais de retour dans le monde des vivants. La pensée va si vite que je crois bien que mon plan était déjà tout échafaudé avant que Moriarty soit parvenu au fond des chutes de Reichenbach.

« J'examinai la paroi à laquelle j'étais adossé. Dans votre pittoresque narration de l'affaire, dont je devais prendre connaissance quelques mois plus tard, vous prétendiez que cette paroi était parfaitement lisse. Ce n'est pas tout à fait exact. Il y avait quelques petites prises et un soupçon de replat. La muraille était si haute qu'il m'était impossible de l'escalader. D'autre part le sentier était si mouillé que je ne pouvais l'emprunter sans y laisser trace de mon passage. J'aurais pu, c'est vrai, mettre mes chaussures à l'envers, comme il m'est déjà arrivé de le faire dans des situations de ce genre. Mais trois séries d'empreintes orientées dans le même sens auraient certainement suggéré un stratagème. Mieux valait donc risquer l'escalade. Watson, ce ne fut pas une plaisanterie ! Les chutes grondaient en dessous de moi.

---

marche arrière (la boîte de vitesses d'une automobile).
▲ *Renverser :* to upset, upset, upset.
10. **deception :** *une ruse, une feinte.* **To deceive :** *tromper.* **Deceit** [di'ci:t] : *la tromperie, la fourberie.* ▲ *La déception :* **disappointment.** *Décevoir :* **to disappoint.**

I am not a fanciful person[1], but I give you my word that I seemed to hear[2] Moriarty's voice screaming at me out of the abyss. A mistake would have been fatal. More than once, as tufts[3] of grass came out in my hand or my foot slipped in the wet notches[4] of the rock, I thought that I was gone. But I struggled upward, and at last I reached a ledge several feet deep and covered with soft green moss[5], where I could lie unseen in the most perfect comfort. There I was stretched[6], when you, my dear Watson, and all your following[7] were investigating in the most sympathetic and inefficient manner the circumstances of my death.

"At last, when you had all formed your inevitable and totally erroneous conclusions, you departed for the hotel, and I was left alone. I had imagined that I had reached the end of my adventures, but a very unexpected occurrence[8] showed me that there were surprises still in store[9] for me. A huge rock, falling from above, boomed past[10] me, struck the path, and bounded over into the chasm. For an instant I thought that it was an accident, but a moment later, looking up, I saw a man's head against the darkening sky, and another stone struck the very ledge upon which I was stretched, within a foot of my head. Of course, the meaning of this was obvious. Moriarty had not been alone. A confederate[11] — and even that one glance had told me how dangerous a man that confederate was — had kept guard while the Professor had attacked me. From a distance, unseen by me, he had been a witness of his friend's death and of my escape.

---

1. **a fanciful person :** *une personne qui se fait des idées, qui se monte le cou.* To fancy : a) *imaginer* b) *trouver à son goût* c) *fantasmer.*
2. **I seemed to hear :** *il me semblait que j'entendais* (et non *je semblais entendre*).
3. **tuft :** *touffe* (d'herbe, de cheveux).
4. **notch :** a) *une encoche* b) *un degré* (dans une ascension). Top notch : *le haut de l'échelle, ce qu'il y a de mieux.*
5. **moss :** *la mousse végétale. La mousse liquide* (vagues, savon) : foam. *Mousser :* to foam. *Se faire mousser* (fig.) : to blow one's own trumpet (m.à.m. *souffler dans sa propre trompette*).
6. **to be stretched :** *être étendu, allongé.* A stretcher : *un brancard.* A stretcher bearer : *un brancardier.*

Je ne suis pas émotif, mais je vous jure que je croyais entendre Moriarty qui m'appelait des profondeurs de l'abîme. La moindre faute m'eût été fatale. Plusieurs fois, quand j'arrachais des touffes d'herbe ou quand mon pied dérapait entre les interstices humides du rocher, j'ai bien cru que c'en était fait de moi. Mais je continuais à grimper et je finis par atteindre une sorte de cuvette assez profonde et tapissée d'une tendre mousse verte. Je pus m'y dissimuler tout à mon aise. C'est allongé dans cette cachette, cher Watson, que j'assistai à l'enquête que vous-même et votre escorte meniez sur les circonstances de ma mort avec une si touchante inefficacité.

« Lorsque vous eûtes abouti à vos conclusions, aussi prévisibles qu'erronées, vous reprîtes le chemin de l'hôtel et je demeurai seul. J'imaginais que mes aventures étaient terminées lorsqu'un incident fort imprévu m'avertit que de nouvelles surprises m'attendaient. Un gros rocher tomba d'en haut, dévala à côté de moi et dégringola dans le gouffre. Je crus d'abord à un hasard. Mais, levant le nez, j'aperçus une tête d'homme contre le ciel qui s'assombrissait. Un autre rocher heurta le rebord de la plate-forme sur laquelle j'étais allongé et me manqua de peu. La chose était claire : Moriarty n'était pas seul. Un complice — et un simple coup d'œil suffisait à mesurer à quel point il était dangereux — s'était tenu aux aguets pendant que le professeur m'attaquait. De loin et sans que je puisse le voir il avait été témoin de la mort de son ami et de ma fuite.

---

7. **all your following** = all the people who followed you.
8. **occurrence :** *événement, incident.* To occur : *se produire.* Syn. to happen. *Fertile en événements :* eventful (≠ uneventful : *calme, sans incidents*).
9. **in store :** *en réserve.* To store : *garder en réserve ;* to store up : *mettre en réserve.* Stores : *des magasins, des entrepôts.* Chain stores : *des magasins à succursales multiples.* Store : *ce qui a été mis en réserve.* Ex. : he keeps a good store of wine in his cellar : *il garde pas mal de vin en réserve dans sa cave.*
10. **to boom past :** *passer* (past) *avec un sifflement sonore.*
11. **confederate :** *un acolyte, un complice. Être complice, être de mèche :* to be in league.

He had waited, and then making his way¹ round to the top of the cliff², he had endeavoured to succeed where his comrade had failed.

"I did not take long to think about it, Watson. Again I saw that grim³ face look over the cliff, and I knew that it was the precursor of another stone. I scrambled down on to the path. I don't think I could have done it in cold blood. It was a hundred times more difficult than getting up. But I had no time to think of the danger, for another stone sang past me⁴ as I hung by my hands from the edge of the ledge. Half-way down I slipped, but, by the blessing of God, I landed, torn and bleeding, upon the path. I took to my heels⁵, did ten miles over the mountains in the darkness⁶, and a week later, I found myself in Florence, with the certainty that no one in the world knew what had become of me.

"I had only one confidant⁷ — my brother Mycroft. I owe you many apologies, my dear Watson, but it was all-important⁸ that it should be thought⁹ I was dead, and it is quite certain that you would not have written so convincing an account of my unhappy end had you not yourself thought¹⁰ that it was true. Several times during the last three years, I have taken up my pen to write to you, but always I feared lest¹¹ your affectionate regard for me should tempt you to some indiscretion which would betray my secret. For that reason I turned away from you this evening when you upset¹² my books, for I was in danger at the time, and any show¹³ of surprise and emotion upon your part might have drawn attention to my identity and led to the most deplorable and irreparable results.

---

1. **making his way** : *se frayant, trouvant un chemin, progressant.*
2. **round to the top of the cliff** : *en gravissant des cercles jusqu'au sommet.* Straight to the top signifierait *en ligne droite.*
3. **grim** : *sinistre, de mauvais augure, rébarbatif.*
4. **sang past me** : cf. note 10 page 153. Ici la pierre « chante » aux oreilles de Holmes.
5. **to take** (took, taken) **to one's heels** : *se sauver à toutes jambes.*
6. **the darkness** : *les ténèbres.* Dark : *obscur, sombre.* Dark-skinned : *noir de peau.* To darken : *assombrir.* ▲ *Sombrer :* to sink, sank, sunk.
7. **confidant** (subst.) : *un confident* (auquel on se confie).

Il avait attendu et, prenant un détour pour atteindre le sommet de la falaise, il tentait de réussir là où avait échoué son camarade.

« Je ne perdis pas beaucoup de temps à réfléchir, Watson. J'aperçus de nouveau ce visage sinistre au-dessus de la falaise et je compris qu'il annonçait la chute d'une nouvelle pierre. Je re-dégringolai jusqu'au sentier. Je n'en eusse pas été capable de sang-froid. C'était cent fois plus dur que de monter, mais je n'avais pas le temps de considérer le danger : une pierre siffla à mes oreilles alors que j'étais agrippé au rebord de la cuvette, les pieds dans le vide. A mi-course je perdis prise et, couvert de plaies et de bosses, j'atterris grâce à Dieu sur le sentier. Je m'enfuis à toutes jambes, je parcourus dix bons miles dans l'obscurité et une semaine plus tard j'étais à Florence, avec la certitude que personne au monde ne savait ce que j'étais devenu. Seul mon frère Mycroft était au courant. Je vous dois mille excuses, mon cher Watson, mais il était capital de faire croire que j'étais mort et le récit que vous avez fait de ma disparition eût été moins convaincant si vous n'y aviez pas cru vous-même. Bien souvent, au cours des trois dernières années il m'est arrivé de prendre ma plume pour vous écrire. Mais j'ai toujours craint que votre affection pour moi ne vous entraîne à quelque imprudence susceptible de trahir mon secret. C'est la raison pour laquelle je vous ai tourné le dos ce soir, quand vous avez renversé mes livres. C'était un moment où je courais un danger et si vous aviez alors manifesté la moindre surprise ou la moindre émotion, mon identité risquait d'être découverte, entraînant des conséquences fatales et irréparables.

Confident (adj.) : *confiant, qui fait confiance, qui est sûr de son affaire*. **Confidentially** : *confidentiellement*. **Confidential** : *confidentiel(le)*.

8. **all-important :** *d'importance suprême*.
9. **it should be thought :** *que l'on dût croire*. Notons : it will be thought : *on croira* ; it shall be thought : *on devra croire*. It is as it should be : *c'est dans l'ordre des choses, les choses sont comme elles devraient être*.
10. **had you not yourself thought :** *s'il vous n'aviez pas cru vous-même*. Had + inversion = If... (If you had not yourself thought).
11. **I feared lest :** *je craignais que*. Lest ne s'emploie guère qu'avec le verbe to fear ou toute autre forme exprimant la crainte.
12. **to upset** (upset, upset) : a) *renverser* b) *bouleverser, causer de la peine à qqun*.
13. **show :** a) *spectacle* b) *démonstration volontaire* ou *involontaire de ses sentiments*.

As to Mycroft, I had to confide in him[1] in order to obtain the money which I needed. The course of events in London did not run so well as I had hoped, for the trial of the Moriarty gang left two of its most dangerous members, my own most vindictive[2] enemies, at liberty. I travelled for two years in Tibet, therefore, and amused myself by visiting Lhassa, and spending some days with the head Llama[3]. You may have read of the remarkable explorations of a Norwegian named Sigerson, but I am sure that it never occurred to you that you were receiving news of your friend. I then passed through Persia, looked in[4] at Mecca, and paid a short but interesting visit to the Khalifa at Khartoum, the results of which I have communicated to the Foreign Office. Returning to France, I spent some months in a research into the coal-tar[5] derivatives, which I conducted[6] in a laboratory at Montpellier, in the South of France. Having concluded this to my satisfaction, and learning that only one of my enemies was now left in London, I was about to[7] return when my movements were hastened[8] by the news of this very remarkable Park Lane Mystery, which not only appealed to me by its own merits[9], but which seemed to offer some most peculiar personal opportunities. I came over at once to London, called in my own person at Baker Street, threw Mrs. Hudson into violent hysterics[10], and found[11] that Mycroft had preserved my rooms and my papers exactly as they had always been. So it was, my dear Watson, that at two o'clock to-day I found myself in my old arm-chair in my own old room, and only wishing that I could have seen my old friend Watson in the other chair which he has so often adorned[12]."

---

1. **to confide in someone :** a) *faire des confidences* b) *faire confiance à* (syn. : to trust).
2. **vindictive :** *vindicatif. Inoffensif :* harmless. To mean (meant, meant) harm to someone : *vouloir, chercher à nuire à qqun.*
3. **the head Llama :** *le chef des lamas.* Cf. headmaster : *directeur d'école ;* headline : *manchette d'un journal ;* headquarter : *quartier général.*
4. **to look in :** *effectuer une petite visite, passer voir.*
5. **coal-tar :** *goudron de houille.* Coal : *le charbon, la houille.* A collier, a colliery : *un mineur, une mine.*
6. **to conduct :** a) *mener* (des recherches) b) *diriger un*

Mycroft m'était indispensable pour me procurer l'argent qui m'était nécessaire. A Londres les événements n'avaient pas pris la tournure que j'espérais. Le procès du gang Moriarty avait laissé en liberté deux des membres les plus dangereux et précisément mes ennemis les plus mortels. Aussi ai-je pendant deux années parcouru le Tibet, pris plaisir à visiter Lhassa et passé quelques jours en compagnie du dalaï-lama. Vous avez peut-être entendu parler des exploits de Sigerson, cet explorateur norvégien, mais je suis sûr que pas un instant vous ne vous doutiez qu'il s'agissait de votre ami. Je me suis ensuite rendu en Perse, j'ai visité La Mecque, rendu une brève mais fructueuse visite au calife de Khartoum. De retour en France, je me suis occupé pendant quelques mois de recherches sur les dérivés du goudron dans un laboratoire de Montpellier. Mes recherches ayant abouti et comme j'avais appris qu'un seul de mes ennemis se trouvait maintenant à Londres, je songeais à y revenir. La très remarquable affaire du mystère de Park Lane a précipité mon retour, car non seulement elle comporte des aspects particulièrement intéressants, mais elle a l'air de coïncider avec mes projets personnels. Je suis donc immédiatement rentré à Londres, je me suis présenté à Baker Street, provoqué chez Mrs. Hudson une violente crise de nerfs, découvert enfin que Mycroft avait veillé à ce que mes affaires et mes papiers restent exactement dans l'état où je les avais laissés. Et c'est ainsi, mon cher Watson, qu'aujourd'hui, à deux heures de l'après-midi, j'avais retrouvé mon bon vieux fauteuil dans mon ancien appartement. Il ne me manquait que mon vieil ami Watson dans l'autre fauteuil, qu'il a si souvent honoré de sa présence ! »

---

orchestre. The **conductor** : *le chef d'orchestre.* ▲ A bus conductor : *un receveur d'autobus.*
7. **about to :** *sur le point de* (faire qqch.).
8. **to hasten** ['heisn] : a) *se dépêcher, se hâter* b) *précipiter* (une échéance). *La hâte :* haste.
9. **by its own merits :** *en vertu de son intérêt intrinsèque* (own). Own renforce toujours la notion de propriété. He has got a boat of his own : *il possède son propre bateau.* To own : *posséder ;* ownership : *la propriété.* Mais *posséder une propriété* (un bien foncier) : **to own a place**.
10. **hysterics :** a) *un accès d'agitation incontrôlée* b) *un violent fou rire. L'hystérie :* hysteria.
11. **to find** (found, found) : a) *trouver* b) *s'apercevoir, découvrir.* Ex. Newfoundland : *Terre-Neuve* (m.à.m. *Terre nouvellement découverte*). Findings : *des trouvailles.* ▲ To found : *fonder.* A fund : *une fondation* (philanthropique).
12. **to adorn :** *orner, décorer.*

Such was the remarkable narrative to which I listened on that April evening — a narrative which would have been utterly incredible to me had it not been confirmed by the actual sight of the tall, spare[1] figure and the keen, eager face, which I had never thought to see again. In some manner he had learned of[2] my own sad bereavement[3], and his sympathy[4] was shown in his manner rather than in his words. "Work is the best antidote to sorrow, my dear Watson," said he ; "and I have a piece of work[5] for us both to-night which, if we can bring it to a successful conclusion, will in itself justify a man's life on this planet." In vain I begged[6] him to tell me more. "You will hear and see enough before morning," he answered. "We have three years of the past to discuss. Let that suffice[7] until half-past nine, when we start upon the notable adventure of the empty house."

It was indeed like old times when, at that hour, I found myself seated beside him in a hansom, my revolver in my pocket, and the thrill of adventure[8] in my heart. Holmes was cold and stern[9] and silent. As the gleam of the street-lamps flashed upon his austere features, I saw that his brows were drawn down[10] in thought and his thin lips compressed. I knew not[11] what wild beast we were about to hunt down in the dark jungle of criminal London, but I was well assured, from the bearing of this master huntsman, that the adventure was a most grave one — while the sardonic smile which occasionally broke through his ascetic gloom[12] boded[13] little good for the object of our quest.

---

1. **spare** : *maigre, ascétique.* To spare : a) *épargner, faire des économies* b) *pouvoir se permettre* (une dépense). To live, to eat sparingly : *vivre, manger de façon parcimonieuse.*
2. **to learn** (learnt, learnt) **of** : *apprendre de manière indirecte, par ouï-dire.*
3. **bereavement** : *deuil, perte d'un être cher.*
4. **sympathy** : *compassion.* To sympathize : *éprouver de la compassion ou de la compréhension indulgente. Le nerf sympathique :* the sympathetic nerve. *Qqun de sympathique :* a pleasant-looking person. *Sympathiser avec qqun :* to become friends with someone.
5. **a piece of work** (sing. du subst. « collectif » work) : *un certain travail.* Si Holmes s'exprimait de manière moins élégante, il eût dit simplement **a job**.

Tel fut le remarquable récit que j'écoutai en cette soirée d'avril. Je n'en aurais pas cru mes oreilles, mais j'avais bien sous les yeux cette grande silhouette mince et ce visage si alerte dont j'avais définitivement fait mon deuil. Il avait sûrement appris toute la tristesse que j'avais éprouvée et sa prévenance à mon égard s'exerçait moins en paroles qu'en actes.

— Mon cher Watson, me dit-il, rien de tel que le travail pour vous consoler d'un chagrin. La tâche qui nous attend ce soir, si nous nous en tirons avec succès, est de nature à justifier notre existence sur cette planète.

Je l'implorai d'en dire davantage, mais en pure perte.

— Vous en verrez et vous en entendrez assez avant demain matin. Nous avons trois années de péripéties à discuter. Cela nous occupera jusqu'à neuf heures et demie, heure à laquelle nous nous mettrons en route en direction de la maison vide.

C'était vraiment comme au bon vieux temps ; à l'heure dite nous étions assis côte à côte dans un fiacre. J'avais un revolver dans la poche et dans le cœur le frisson de l'aventure. Holmes était distant, sévère et silencieux. Au passage des réverbères j'apercevais ses traits austères. Il fronçait les sourcils et serrait les lèvres d'un air pensif. J'ignorais quel fauve nous allions traquer dans la jungle obscure où rôdent les criminels londoniens, mais à la mine de ce chasseur émérite je savais que l'affaire était extrêmement grave. Le sourire sarcastique qui tempérait parfois l'expression ascétique de Holmes ne présageait rien de bon pour son adversaire.

---

6. **to beg :** a) *mendier* b) *demander avec insistance.* **A beggar :** *un mendiant.* Au cours d'une discussion, **to beg to differ :** *se permettre d'avoir une opinion contraire à celle qui vient d'être exprimée.*

7. **let that suffice** (impératif) : *j'en ai assez dit.* **To suffice :** *être suffisant.*

8. **the thrill of adventure :** *le frisson de l'aventure.* **To thrill :** *frissonner* ou *faire frissonner* (d'excitation, d'angoisse, de peur, de plaisir).

9. **stern :** *sévère, sans indulgence.*

10. **his brows** (ou eyebrows) **were drawn down :** m.à.m. *ses sourcils étaient tirés vers le bas.*

11. **I knew not :** exception — seulement dans cette locution — à l'obligation d'employer **to do** pour former le négatif du verbe.

12. **gloom :** a) *faible lumière* b) *tristesse, mélancolie.* **Gloomy :** *mélancolique, d'humeur sombre.*

13. **to bode :** *annoncer, présager.* **Forebodings :** *des pressentiments.* **Ill-boding** ou **evil-boding :** *de mauvais augure.*

I had imagined that we were bound for[1] Baker Street, but Holmes stopped the cab at the corner of Cavendish Square. I observed that as he stepped out he gave a most searching[2] glance to right and left, and at every subsequent street corner he took the utmost pains[3] to assure[4] that he was not followed. Our route was certainly a singular one. Holme's knowledge of the by-ways[5] of London was extraordinary, and on this occasion he passed rapidly and with an assured step through a network[6] of mews[7] and stables, the very existence[8] of which I had never known. We emerged at last into a small road, lined with old, gloomy houses, which led us into Manchester Street, and so to Blandford Street. Here he turned swiftly[9] down a narrow passage, passed through a wooden gate into a deserted yard[10], and then opened with a key the back door of a house. We entered together, and he closed it behind us.

The place was pitch-dark[11], but it was evident to me that it was an empty house. Our feet creaked and crackled[12] over the bare planking, and my outstretched[13] hand touched a wall from which the paper was hanging in ribbons. Holmes's cold, thin fingers closed round my wrist and led me forwards down a long hall, until I dimly[14] saw the murky[15] fanlight[16] over the door. Here Holmes turned suddenly to the right, and we found ourselves in a large, square, empty room, heavily shadowed in the corners, but faintly lit[17] in the centre from the lights of the street beyond.

---

1. **bound for :** *à destination de, en route pour.* ▲ Bound to : *être obligé, contraint de* (faire qqch.). Ex. : I am bound to believe him : *je suis bien forcé de le croire.* Dans les deux cas la racine commune est bind (to bind, bound, bound : *lier*). Bond : a) *un lien* b) *une obligation contractuelle.*

2. **to search :** *scruter, fouiller du regard.* ▲ *Chercher :* to seek, sought, sought.

3. **utmost pains :** *les soins, les efforts les plus considérables.* Painstaking : *appliqué, laborieux.* Pain : *la souffrance, la douleur.* To pain : *faire souffrir, affliger.* To be at pains to explain something : *avoir le plus grand mal à expliquer qqch.*

4. **to assure :** *s'assurer.*

5. **by-ways :** *des voies de traverse, des ruelles.*

6. **network :** *un réseau.* Net : *un filet.*

7. **mews :** *des ruelles entre des écuries.*

8. **the very existence :** *l'existence même.* ▲ Ne pas confon-

J'avais cru que nous nous rendions à Baker Street, mais Holmes fit arrêter le fiacre au coin de Cavendish Square. En descendant il prit soin de regarder attentivement à droite et à gauche. Puis, à chaque carrefour, il ne manquait pas de s'assurer que l'on ne nous suivait pas. Nous suivions un itinéraire des plus surprenants. Holmes connaissait Londres comme sa poche et ce soir-là il naviguait rapidement et d'une démarche assurée dans un dédale de ruelles et de passages dont j'ignorais totalement l'existence. En fin de compte nous étions arrivés dans une rue bordée de petites maisons vieillottes qui nous conduisit successivement dans Manchester Street et dans Blandford Street. Là nous nous glissâmes par un étroit passage menant à une porte en bois qui donnait sur une cour déserte. Holmes sortit une clé de sa poche et ouvrit la porte de service d'une maison. Nous entrâmes et il referma la porte derrière nous.

Il régnait une obscurité totale, mais, de toute évidence, la maison était inhabitée. Nous faisions craquer et grincer le plancher sous nos pas et, la main tendue devant moi, je touchai un mur dont le papier pendait en lambeaux. De ses doigts maigres et glacés Holmes emprisonna mon poignet pour me faire traverser un long vestibule. J'aperçus confusément un vasistas au-dessus de la porte du devant. Holmes obliqua franchement sur sa droite : nous nous trouvions dans une grande pièce carrée, vide, dont les angles baignaient dans l'ombre et le centre était faiblement éclairé par les lumières de la rue.

---

dre **very** adv. (**very much**) et **very** adj. (marquant l'authenticité ou l'identité).

9. **swiftly** : *rapidement*. Swift : *vif, preste.*

10. **yard** : a) *une cour* b) *mesure de longueur* (un peu moins d'un mètre).

11. **pitch-dark** : sombre comme la poix.

12. **creaked and crackled** : noter l'effet d'allitération.

13. **outstretched** : *étendu* (cf. to stretch).

14. **dimly** : *confusément*. To take a dim view of something : *avoir une opinion défavorable de qqch.* To dim the light : *camoufler* ou *atténuer la lumière.* Dimmed lights : *des lumières tamisées.*

15. **murky** : *sombre* (syn. de dark).

16. **fanlight** : m.à.m. *jour en éventail* = lucarne, vasistas. **Fan** : *un éventail* ou *un ventilateur.* To fan : éventer. ▲ (Un parfum) éventé : stale, flavourless.

17. **faintly lit** : *faiblement, à peine éclairé.* On se rappelle to faint : *s'évanouir, être saisi d'un accès de faiblesse.* To feel (felt, felt) faint : *se sentir faible, sans forces.*

There was no lamp near, and the window was thick with dust[1], so that we could only just[2] discern each other's figures within. My companion put his hand upon my shoulder and his lips close to my ear.

"Do you know where we are ?" he whispered[3].

"Surely that is Baker Street," I answered, staring through the dim window.

"Exactly. We are in Camden House, which stands opposite to our own old quarters[4]."

"But why are we here ?"

"Because it commands so excellent a view of that picturesque pile[5]. Might I trouble you, my dear Watson, to draw a little nearer to the window, taking every precaution not to show yourself, and then to look up at our old rooms — the starting-point of so many of your little fairy-tales[6] ? We will see if my three years of absence have entirely taken away my power to surprise you."

I crept forward and looked across at the familiar window. As my eyes fell upon it, I gave a gasp[7] and a cry of amazement. The blind was down[8], and a strong light was burning in the room. The shadow of a man who was seated in a chair within[9] was thrown in hard, black outline upon the luminous screen[10] of the window. There was no mistaking[11] the poise[12] of the head, the squareness of the shoulders, the sharpness of the features. The face was turned half-round, and the effect was that of one of those black silhouettes[13] which our grandparents loved to frame.

---

1. **thick with dust :** *couvert d'une épaisse* (thick) *poussière.*
2. **only just :** *tout juste, à peine* (m.à.m. *seulement juste*).
3. **to whisper :** *chuchoter, murmurer.*
4. **our own old quarters :** m.à.m. *nos propres vieux logements.*
5. **pile :** a) *pile* b) *monument, édifice.*
6. **fairy-tale :** *conte de fées.* Cinderella's fairy godmother : *la fée marraine de Cendrillon.*
7. **to give a gasp :** to gasp : *avoir le souffle coupé* (au propre ou au figuré).
8. **the blind was down :** *le store était baissé.* Blind : *aveugle.* A blindman (-woman) : *un(e) aveugle.* A blind : *un objet qui interdit la vue.* A blind alley : *une impasse.* Blind man's buff : *le jeu de colin-maillard.*

Il n'y avait pas de lampadaire à proximité et la poussière formait une couche si opaque sur les vitres que nous pouvions tout juste distinguer nos silhouettes. Mon compagnon posa une main sur mon épaule et approcha sa bouche de mon oreille.

— Savez-vous où nous sommes ? murmura-t-il.

— Sûrement dans Baker Street, répondis-je en regardant à travers la fenêtre obscure.

— Exactement. Nous sommes dans Camden House, juste en face de notre ancien appartement.

— Mais que faisons-nous ici ?

— Parce que d'ici nous avons une très bonne vue sur ce pittoresque édifice. Mon cher Watson, puis-je vous prier de vous rapprocher davantage de la fenêtre, en prenant bien garde, toutefois, à ne pas vous montrer, et de regarder notre ancien logement, point de départ de tant de vos petits contes de fées. Nous allons voir si après trois années d'absence j'ai totalement perdu le pouvoir de vous étonner.

Je m'avançai à pas de loup et tournai mon regard vers la fenêtre que je connaissais bien. La surprise me coupa le souffle et un cri de stupéfaction m'échappa. Le store était baissé et une vive lumière éclairait la pièce. On distinguait l'ombre d'un homme assis dans un fauteuil. Sa silhouette se détachait en ombre chinoise sur la zone éclairée. On ne pouvait s'y tromper : l'inclinaison de la tête, la carrure des épaules, l'acuité des traits ! Le visage était tourné de trois quarts et l'on aurait dit l'une de ces silhouettes de papier noir que nos grands-parents aimaient tellement encadrer.

---

9. **within :** *à l'intérieur* ≠ outside *(dehors).*
10. **screen :** *écran.* **To screen :** a) *faire écran, protéger* b) *porter un récit à l'écran, en faire un film.*
11. **no mistaking :** *l'impossibilité de se méprendre.* **To take (took, taken) :** *prendre.* **To mistake :** *se méprendre, faire erreur, commettre une faute.* **To be mistaken :** *se tromper.* A mistake : a) *une faute* b) *une méprise.*
12. **the poise :** *le port, l'équilibre.*
13. **black silhouettes** ▲ : il s'agit ici de *découpages* désignés par le mot emprunté au français. *La silhouette :* **figure**.

It was a perfect reproduction of Holmes. So amazed[1] was I that I threw out my hand to make sure that the man himself was standing beside me. He was quivering[2] with silent laughter.

"Well ?" said he.

"Good Heavens !" I cried. "It is marvellous."

"I trust that age doth not wither nor custom stale my infinite variety[3]," said he, and I recognized in his voice the joy and pride which the artist takes in his own creation. "It really is rather[4] like me, is it not ?"

"I should be prepared to swear that it was you."

"The credit of the execution[5] is due to Monsieur Oscar Meunier, of Grenoble, who spent some days in doing the moulding[6]. It is a bust in wax. The rest I arranged myself during my visit to Baker Street this afternoon."

"But why ?"

"Because, my dear Watson, I had the strongest possible reason for wishing certain people to think that I was there when I was really elsewhere[7]."

"And you thought the rooms were watched ?"

"I *knew*[8] that they were watched."

"By whom ?"

"By my old enemies, Watson. By the charming society whose leader lies in the Reichenbach Fall. You must remember that they knew, and only they[9] knew, that I was still alive. Sooner or later they believed that I should come back to my rooms. They watched them continuously, and this morning they saw me arrive."

"How do you know ?"

---

1. **amazed :** *abasourdi, stupéfait, confondu.* **Maze :** *un labyrinthe.* To amaze : *confondre, stupéfier.* Amazing : *incroyable.*
2. **to quiver :** *frémir, vibrer.*
3. **that age doth not wither... variety :** citation empruntée de Shakespeare, *Antoine et Cléopâtre.* Dans la pièce c'est des sentiments d'Antoine pour Cléopâtre qu'il est question.
4. **rather :** *plutôt, assez* (mais signifiant réellement *excessivement*). Litote très fréquente en anglais.
5. **the credit of the execution :** m.à.m. *le crédit de l'exécution.* This does you credit : *ceci vous fait honneur.*
6. **the moulding :** *le moulage* (en sculpture). *Un moule à pâtisserie :* a form. Une moule (mollusque) : a mussel.

C'était une parfaite réplique de Holmes. Si grande fut ma surprise que je ne pus me retenir de toucher de la main l'homme qui se tenait derrière moi. Il frémissait d'un rire silencieux.

— Alors ? dit-il.

— Grands dieux ! C'est stupéfiant.

— J'espère ne point avoir des ans subi l'irréparable outrage, dit-il.

Je sentais dans le timbre de sa voix le plaisir et l'orgueil de l'artiste devant sa création.

— C'est assez ressemblant, n'est-ce pas ? reprit-il.

— J'aurais juré que c'était vous.

— Tout le mérite en revient à M. Oscar Meunier, de Grenoble. Le moulage a pris plusieurs jours. C'est un buste de cire. Pour le reste, je m'en suis occupé cet après-midi quand je suis allé à Baker Street.

— Mais pourquoi ?

— Mon cher Watson, parce que j'avais la plus impérieuse des raisons de souhaiter que certaines personnes me croient à cet endroit pendant que je me trouve ailleurs.

— Vous pensiez que l'on surveillait l'appartement ?

— Je ne le pensais pas ; je le savais.

— Mais qui ?

— Mes vieux ennemis, Watson ; cette charmante compagnie dont le chef repose sous les chutes de Reichenbach. Rappelez-vous qu'ils savent — eux et eux seuls — que je suis en vie. Ils ont pensé qu'un beau jour je finirais par revenir chez moi. Ils n'ont pas cessé de monter la garde et ils m'ont vu arriver ce matin.

— Comment êtes-vous au courant ?

---

7. **elsewhere :** *ailleurs.* **Somewhere** : *quelque part.* **Nowhere** : *nulle part.* **Anywhere** : *n'importe où.*

8. **I *knew* :** l'usage des italiques est une convention destinée à traduire l'emphase du locuteur. L'intonation de Holmes signifie : « je savais absolument, j'étais sûr ».

9. **and only they :** *et eux seuls* (noter l'ordre des mots).

"Because I recognized their sentinel when I glanced out of my window. He is a harmless enough[1] fellow, Parker by name, a garrotter[2] by trade, and a remarkable performer upon the jew's harp[3]. I cared nothing for him. But I cared a great deal for the much more formidable person who was behind him, the bosom friend[4] of Moriarty, the man who dropped the rocks over the cliff, the most cunning and dangerous criminal in London. That is the man who is after me[5] to-night, Watson, and that is the man who is quite unaware that we are after *him*."

My friend's plans were gradually revealing themselves. From this convenient retreat, the watchers[6] were being watched and the trackers[7] tracked. That angular shadow up yonder[8] was the bait[9], and we were the hunters. In silence we stood together in the darkness, and watched the hurrying[10] figures who passed and repassed in front of us. Holmes was silent and motionless ; but I could tell that he was keenly alert, and that his eyes were fixed intently upon the stream[11] of passers-by[12]. It was a bleak[13] and boisterous[14] night, and the wind whistled shrilly[15] down the long street. Many people were moving to and fro[16], most of them muffled[17] in their coats and cravats. Once or twice it seemed to me that I had seen the same figure before, and I especially noticed two men who appeared to be sheltering themselves from the wind in the doorway of a house some distance up the street. I tried to draw my companion's attention to them ; but he gave a little ejaculation of impatience, and continued to stare into the street.

---

1. **harmless enough :** ici encore l'ordre des mots est à l'inverse de celui du français *(assez inoffensif).*
2. **garrotter :** *un étrangleur* (professionnel). *Étrangler :* to strangle.
3. **jew's harp :** *une guimbarde* (m.à.m. *harpe de juif*).
4. **bosom friend :** *un ami intime.* Bosom : *le sein, le giron.*
5. **after me :** to be after someone : *poursuivre qqun pour l'arrêter* ou *pour le tuer.*
6. **watchers :** *ceux qui observent, qui guettent.* To watch : *observer, être vigilant.* Watch your steps ! : *attention où vous mettez le pied !* A watch : *une montre ;* a watchmaker : *un horloger.*
7. **trackers :** *les pisteurs.* A track : *une piste.*
8. **up yonder :** up : *là-haut ;* yonder : *plus loin, de l'autre côté* (de la rue).

— Parce que j'ai reconnu une de leurs sentinelles quand j'ai jeté un coup d'œil par la fenêtre. C'est un type assez inoffensif, un certain Parker, étrangleur professionnel et qui joue très bien de la guimbarde. Ce n'est pas lui qui m'inquiète, mais celui qui se tient derrière lui, l'ami intime de Moriarty, celui qui avait fait dégringoler les pierres sur la falaise. Celui-là est le criminel le plus rusé et le plus dangereux de Londres. C'est lui, Watson, qui se prépare à m'attaquer ce soir. Mais il est loin de se douter que c'est nous qui allons l'attaquer.

Les projets de mon ami se dessinaient peu à peu dans mon esprit. De notre cachette on pouvait guetter les guetteurs et poursuivre les poursuivants. L'ombre bien dessinée de l'autre côté de la rue était l'appât et nous étions à l'affût. Nous demeurions debout en silence dans l'obscurité, surveillant les formes humaines qui passaient et repassaient devant nous. Holmes était immobile et muet, mais je le savais sur ses gardes. Il fixait intensément chaque passant. C'était une nuit sinistre, froide et venteuse. On entendait siffler la bise et les passants se hâtaient, la plupart d'entre eux ayant relevé le col de leur manteau. A une ou deux reprises je crus reconnaître la même silhouette et mon attention se porta particulièrement sur deux hommes qui donnaient l'impression de s'abriter du vent sous un portail, un peu plus haut dans la rue. Je tentai de signaler leur présence à mon ami, mais il eut un petit mouvement d'irritation et continua d'observer la rue.

---

9. **bait :** *un appât.* **To bait :** *appâter.* **Hook :** *l'hameçon.* **Fishing tackle :** *attirail de pêche.* **Angler :** *un pêcheur à la ligne.*
10. **to hurry :** *se presser, se hâter.* **To be in a hurry :** *être pressé, ne pas avoir le temps.* **To rush :** *se bousculer, se précipiter, se ruer.* **The gold rush :** *la ruée vers l'or.*
11. **stream :** *un cours d'eau, un courant.* **The Gulf Stream :** *le Gulf Stream.* **A paper streamer :** *un serpentin* (de carnaval). **A river :** *une rivière* ou *un fleuve ;* **a brook :** *un ruisseau ;* **a torrent :** *un torrent.*
12. **passers-by :** *les passants.* **To pass-by :** *passer, croiser dans la rue.* **A by-pass :** *une déviation* (sur la route).
13. **bleak :** *froid et hostile.*
14. **boisterous :** *bruyant, vociférant, tumultueux.*
15. **shrilly :** *d'un ton strident, criard.*
16. **to and fro :** *de long en large.*
17. **muffled :** a) *emmitouflé* b) *assourdi, amorti* (d'un bruit).

More than once he fidgeted[1] with his feet and tapped rapidly with his fingers upon the wall. It was evident to me that he was becoming uneasy, and that his plans were not working out[2] altogether[3] as he had hoped. At last, as midnight approached and the street gradually cleared, he paced up and down the room in uncontrollable agitation. I was about to make some remark to him, when I raised my eyes to the lighted window, and again experienced almost as great a surprise as before. I clutched[4] Holmes's arm, and pointed upwards[5].

"The shadow has moved !" I cried.

It was indeed no longer the profile, but the back, which was turned toward us.

Three years had certainly not smoothed[6] the asperities of his temper or his impatience with a less active intelligence than his own.

"Of course it has moved," said he. "Am I such a farcical bungler[7], Watson, that I should erect an obvious dummy[8], and expect that some of the sharpest[9] men in Europe would be deceived[10] by it ? We have been in this room two hours, and Mrs. Hudson has made some change in that figure eight times, or once in every quarter of an hour. She works it from the front, so that her shadow may never be seen. Ah !"

He drew in his breath[11] with a shrill, excited intake[12]. In the dim light I saw his head thrown forward, his whole attitude rigid with attention. Outside the street was absolutely deserted. Those two men might still be crouching[13] in the doorway, but I could no longer see them.

---

1. **to fidget :** *s'agiter fébrilement, nerveusement* (syn. to be fidgety).
2. **to work out** (intrans.) : *marcher, fonctionner, réussir.* To work out (trans.) : *mettre au point* (un procédé, un plan).
3. **altogether :** *tout à fait, complètement, entièrement.* ⚠ Ne pas confondre avec **all together** : *tous ensemble.*
4. **to clutch :** *saisir fermement, agripper.* To claw : *saisir avec ses griffes ;* to grasp : *attraper rapidement, saisir* (parfois syn. de to understand : *saisir le sens de qqch.*).
5. **to point upwards :** *tendre le doigt vers le haut.* To point out something to someone : *faire remarquer qqch. à qqun.* Pointer (au sens de contrôler) : to check.
6. **to smoothe :** *lisser, adoucir, faire disparaître les aspérités.* Smooth : *doux, lisse, poli, policé* (≠ **rough**).

Il était agité et de temps à autre il tambourinait légèrement sur le mur. Je voyais bien qu'il commençait à s'inquiéter et que ses plans ne se déroulaient pas exactement comme il l'espérait. Minuit approchait, la rue devenait de plus en plus déserte et Holmes s'était mis à faire les cent pas, en proie à l'agitation la plus vive. J'étais sur le point de faire une remarque lorsque, portant mon regard dans la direction de la fenêtre éclairée, j'éprouvai une nouvelle surprise, presque égale à la précédente. Je saisis Holmes par le bras et lui montrai la fenêtre :

— L'ombre s'est déplacée !

Effectivement, ce n'était plus le profil mais le dos qui était maintenant tourné vers nous. Mais trois années n'avaient pas émoussé les aspérités de son caractère ni atténué son intolérance envers une intelligence moins vive que la sienne.

— Bien sûr qu'elle s'est déplacée ! Voyons, Watson, il faudrait être le dernier des bouffons pour planter là un mannequin bien reconnaissable en espérant faire illusion à l'un des bandits les plus astucieux de toute l'Europe ! Voilà deux heures que nous sommes dans cette pièce et Mrs. Hudson a déjà fait tourner huit fois le mannequin, c'est-à-dire tous les quarts d'heure. Elle s'arrange pour passer du côté où l'on ne peut pas apercevoir son ombre... Ah !

Il retenait maintenant son souffle dans un sursaut d'excitation. Dans le demi-jour je le vis avancer la tête et s'immobiliser dans une attitude de vigilance totale. La rue était absolument déserte. Peut-être les deux hommes étaient-ils toujours recroquevillés sous le porche, mais je ne pouvais plus les voir.

---

7. **a bungler :** *un maladroit, un gâcheur.* **To bungle :** *gâcher, bousiller.*
8. **dummy :** a) *un mannequin* b) *un homme de paille* c) au bridge : *le mort.*
9. **sharp :** a) *aigu, coupant, aiguisé* b) *futé, rusé, avisé.* **To sharpen :** *aiguiser* (≠ blunt : *émoussé*).
10. **to deceive :** *tromper, abuser.* **Deceit :** *la tromperie.*
11. **to draw** (drew, drawn) **one's breath in :** *prendre une inspiration profonde, aspirer l'air.* Syn. to breathe in ≠ to breathe out.
12. **intake :** *une prise ;* ≠ **output** : *le rendement, la production.*
13. **to crouch :** *se tasser, se tapir, s'accroupir.*

All was still and dark, save only that brilliant yellow screen[1] in front of us with the black figure outlined[2] upon its centre. Again in the utter silence I heard that thin, sibilant[3] note which spoke of[4] intense suppressed excitement. An instant later he pulled me back into the blackest corner of the room, and I felt his warning[5] hand upon my lips. The fingers which clutched me were quivering[6]. Never had I known my friend more moved, and yet the dark street still stretched lonely and motionless before us.

But suddenly I was aware of that which his keener senses had already distinguished. A low, stealthy sound came to my ears, not from the direction of Baker Street, but from the back of the very house in which we lay concealed[7]. A door opened and shut. An instant later steps crept[8] down the passage — steps which were meant to be silent, but which reverberated harshly[9] through the empty house. Holmes crouched[10] back against the wall and I did the same, my hand closing upon the handle[11] of my revolver. Peering through the gloom[12], I saw the vague outline of a man, a shade blacker than the blackness of the open door. He stood for an instant, and then he crept forward, crouching, menacing, into the room. He was within three yards of us, this sinister figure, and I had braced myself[13] to meet his spring[14], before I realized that he had no idea of our presence. He passed close beside us, stole[15] over[16] to the window, and very softly and noiselessly raised[17] it for half a foot.

---

1. **screen** : *l'écran, le paravent.*
2. **to outline** : *dessiner la silhouette, ébaucher à grands traits, donner les grandes lignes.*
3. **sibilant** : *sifflant(e).*
4. **to speak** (spoke, spoken) **of** : a) *parler de* b) *dénoter, révéler.*
5. **to warn** : *avertir, mettre en garde.* Warning : *une mise en garde, un avertissement, une sommation.* A notice : *un avis, une annonce publique. Une petite annonce (dans le journal)* : an advertisement. *Mettre une annonce :* to advertise.
6. **to quiver** : *vibrer, frémir.*
7. **to conceal** (syn. to hide, hid, hidden) : *dissimuler, cacher.* Concealment : *dissimulation ;* a place of concealment : *une cachette.*
8. **to creep** (crept, crept) : *ramper* et, par extension, *avancer à pas de loup.*

Tout était calme et obscur à l'exception du brillant carré de lumière qui encadrait la noire silhouette du mannequin. Au sein de ce silence absolu j'entendais le sifflement d'une respiration qui dénotait une excitation intense mais réprimée. L'instant d'après, Holmes me tira en retrait vers le coin le plus noir de la pièce tandis que, posée sur mes lèvres, sa main m'ordonnait de me taire. Je sentais sur mon bras la trépidation de ses doigts. Je ne me rappelais pas avoir vu mon ami dans un pareil état d'excitation et pourtant je ne pouvais voir que la rue obscure et silencieuse.

Mais je perçus tout à coup quelque chose que les sens plus aigus de Holmes avaient déjà capté. Un bruit furtif parvint à mes oreilles, venant non pas de Baker Street, mais de l'arrière de la maison où, précisément, nous étions aux aguets. On entendit une porte s'ouvrir et se refermer. Puis un bruit feutré de pas parvint du corridor. Ils se voulaient imperceptibles, mais leur bruit se répercutait dans cette maison déserte. Holmes s'était collé contre le mur et je l'imitai, la main étreignant la crosse de mon revolver. En sondant les ténèbres je distinguai une vague forme humaine, légèrement plus sombre que le noir de la porte ouverte. Après s'être immobilisé un instant l'homme s'avança précautionneusement, recroquevillé et menaçant. Sa sinistre silhouette se trouvait maintenant à trois yards de nous et je me tenais prêt à parer son attaque lorsque je compris qu'il ne se doutait absolument pas de notre présence dans la pièce. Il nous frôla presque au passage, gagna la fenêtre et doucement, silencieusement, fit glisser la guillotine d'un demi-pied vers le haut.

---

9. **harsh :** a) *dur, sévère* b) *grinçant, criard.*
10. **to crouch :** *se tapir, se préparer à bondir.*
11. **the handle :** *la poignée* ou *la crosse.* **Handlebar :** *un guidon de vélo.*
12. **gloom :** *demi-jour.*
13. **to brace oneself :** *s'apprêter à affronter une difficulté, prendre son courage à deux mains.* Bracing : *qui fortifie, revigorant.* Braces : *des bretelles.*
14. **spring :** a) *un saut, un bond* b) *un ressort.* To spring, sprang, sprung : *sauter, bondir, se détendre.*
15. **to steal** (stole, stolen) : a) *voler* b) *avancer vite et furtivement.* Stealthy : *furtif ;* stealthily : *furtivement.*
16. **over :** *de l'autre côté de la pièce.* Come over here ! : *viens ici, de mon côté.* Over there : *de l'autre côté, sur la rive opposée, là-bas au loin.*
17. **to raise :** *lever.* To rise, rose, risen : *se lever* (le soleil, par ex.). To arouse : *provoquer le lever de qqch.* Ex. : to arouse suspicion : *éveiller des soupçons.*

As he sank[1] to the level[2] of this opening, the light of the street, no longer dimmed[3] by the dusty glass, fell full upon his face. The man seemed to be beside himself with excitement. His two eyes shone like stars, and his features were working convulsively. He was an elderly[4] man, with a thin, projecting nose, a high, bald[5] forehead, and a huge grizzled[6] moustache. An opera hat was pushed to the back of his head, and an evening dress[7] shirt-front[8] gleamed out through his open overcoat. His face was gaunt[9] and swarthy[10], scored with deep, savage lines. In his hand he carried what appeared to be a stick, but as he laid it down upon the floor it gave a metallic clang[11]. Then from the pocket of his overcoat he drew a bulky[12] object, and he busied himself in some task which ended with a loud[13], sharp click[14], as if a spring or bolt[15] had fallen into its place. Still kneeling upon the floor he bent forward and threw all his weight and strength upon some lever[16], with the result that there came a long, whirling[17], grinding[18] noise, ending once more in a powerful click. He straightened himself then, and I saw that what he held in his hand was a sort of a gun, with a curiously misshapen[19] butt[20]. He opened it at the breech[21], put something in, and snapped[22] the breechblock[23]. Then, crouching down, he rested[24] the end of the barrel[25] upon the ledge of the open window, and I saw his long moustache droop[26] over the stock[27] and his eye gleam as it peered along the sights.

---

1. **to sink** (sank, sunk) : *s'enfoncer, s'engloutir, s'abaisser.* To sink very low : *tomber bien bas.*
2. **level** : *un niveau.* A level crossing : *passage à niveau.*
3. **to dim** : *voiler, obscurcir, atténuer la vivacité d'une lumière.*
4. **elderly** : *d'un certain âge.* Old : *âgé, vieux.*
5. **bald** : *chauve, dénudé.* Baldness : *la calvitie.*
6. **grizzled** : *poivre et sel.*
7. **evening dress** : *un smoking.*
8. **shirt-front** : *plastron* (m.à.m. *devant de chemise*).
9. **gaunt** : *émacié.*
10. **swarthy** : *basané, brun.*
11. **clang** : *un bruit métallique, un martèlement sonore.* To clang : *produire ce bruit.*
12. **bulky** : *volumineux.* Bulk : *une masse, un objet volumineux.*
13. **loud** : *bruyant.*
14. **click** : *un déclic.* Sharp : a) *aiguisé, tranchant* b) *net, sec.*

Il s'accroupit au niveau de cette ouverture et la lumière de la rue, que ne filtrait plus la poussière de la vitre, éclaira son visage. Ses traits traduisaient une excitation indescriptible. Ses yeux scintillaient comme des étoiles et des tics convulsifs agitaient sa physionomie. C'était un homme d'un certain âge. Il possédait un nez assez proéminent, un front massif et dégarni, ainsi qu'une immense moustache poivre et sel. Il était coiffé d'un haut-de-forme rejeté en arrière. Il était en habit et son plastron blanc étincelait sous son manteau déboutonné. Sa figure était émaciée, bronzée, sillonnée de rides profondes qui accusaient son air intrépide. Il tenait en main un objet qui ressemblait à un bâton, mais qui rendit un bruit métallique lorsqu'il le posa sur le sol. Il tira alors de son manteau un instrument volumineux puis il s'absorba dans une opération qui se termina par un bruit sec, semblable au déclenchement d'un ressort ou d'un verrou. Toujours agenouillé sur le plancher, il se courba en avant et pesa de toute sa force sur une espèce de levier. J'entendis un long grincement qui se termina encore par un puissant déclic. Alors il se redressa et je vis qu'il tenait une sorte de fusil à la crosse bizarre. Il en ouvrit la culasse, y introduisit quelque chose et la referma avec un claquement violent ; se blottissant sur le plancher il posa le canon de son fusil en appui sur le rebord de la fenêtre ouverte. Sa longue moustache caressait la crosse et son regard brillait en cherchant la ligne de mire.

---

15. **spring** : *un ressort*. **Bolt** : *un verrou*.
16. **lever** : *un levier*. **To lever** : *soulever par effet de levier*. Gear lever : *levier de vitesses*.
17. **to whirl** : *bourdonner, vrombir*.
18. **to grind** (ground, ground) : *moudre, écraser*.
19. **misshapen** : *difforme*. **Shape** : *une forme*. **Out of shape** : *déformé*.
20. **butt** : *crosse de fusil* (cf. *bout*).
21. **breech** : a) *le cul* b) *la culasse*. **Breeches** : *culottes*.
22. **to snap** : *enclencher* ou *déclencher avec un déclic*. Snapshot : *un instantané* (photo).
23. **breechblock** : *le bloc culasse*.
24. **to rest** : *reposer*.
25. **barrel** : *le canon du fusil*. **Double-barrelled gun** : *un fusil à deux coups*.
26. **to droop** : *pendre, pendiller*.
27. **stock** : *la monture d'un fusil*.

I heard a little sigh of satisfaction as he cuddled[1] the butt into his shoulder, and saw that amazing target[2], the black man on the yellow ground, standing clear[3] at the end of his foresight[4]. For an instant he was rigid and motionless. Then his finger tightened[5] on the trigger[6]. There was a strange, loud whiz[7] and a long, silvery[8] tinkle[9] of broken glass. At that instant Holmes sprang like a tiger on to the marksman's back[10], and hurled him flat upon his face. He was up again in a moment, and with convulsive strength he seized Holmes by the throat, but I struck him on the head with the butt of my revolver, and he dropped again upon the floor. I fell upon him, and as I held him my comrade blew a shrill call upon a whistle[11]. There was the clatter of running feet upon the pavement, and two policemen in uniform, with one plain-clothes detective, rushed through the front entrance and into the room.

"That you, Lestrade ?" said Holmes.

"Yes, Mr. Holmes. I took the job myself[12]. It's good to see you back in London, sir."

"I think you want a little unofficial[13] help. Three undetected murders in one year won't do, Lestrade. But you handled[14] the Molesey Mystery with less than your usual — that's to say, you handled it fairly well[15]."

We had all risen to our feet, our prisoner breathing hard, with a stalwart[16] constable on each side of him. Already a few loiterers had begun to collect in the street. Holmes stepped up to the window, closed it, and dropped the blinds.

---

1. **to cuddle :** *caresser, cajoler, câliner.*
2. **target :** *la cible, l'objectif.*
3. **to stand clear :** *se détacher, apparaître distinctement.*
4. **foresight :** a) *un viseur* b) *la prévoyance, l'intuition des événements à venir.*
5. **to tighten :** *serrer, resserrer.* Tight : *étroitement attaché.*
6. **trigger :** *la gâchette.*
7. **whiz :** *sifflement d'une balle* ou *d'un obus.*
8. **silvery :** *argenté* (couleur) ou *argentin* (son).
9. **to tinkle :** *tinter.*
10. **the marksman's back :** *le dos du tireur.* Marksman : *un tireur au fusil.* **An archer :** *un tireur à l'arc.*
11. **to blow** (blew, blown) **a call upon a whistle :** *donner un coup de sifflet pour appeler.* To blow : *souffler.* ▲ *Souffler une*

Il épaula doucement, savourant son plaisir et je l'entendis pousser un petit soupir de satisfaction. Il contemplait la cible merveilleuse qu'il tenait au bout de son fusil : la silhouette noire de l'homme qui se détachait bien nettement sur un fond de lumière jaune. Il se figea dans une immobilité totale. Son doigt pressa la détente. On entendit un long sifflement et le tintement argentin du verre brisé. C'est alors que, tel un tigre, Holmes se rua sur le dos du tireur et l'étendit face contre terre. Mais l'homme se ressaisait, et avec l'énergie du désespoir ses mains étreignirent la gorge de Holmes. Mais je lui assenai sur le crâne un coup de crosse de mon revolver et il retomba sur le plancher. Je me laissai tomber sur lui et tandis que je le maintenais à terre, mon camarade lançait un coup de sifflet strident. On entendit des pas précipités sur la chaussée et la porte de la rue livra passage à deux agents de police et à un détective en civil. Ils accoururent dans la pièce.

— Est-ce vous, Lestrade ? demanda Holmes.

— Oui, Mr. Holmes. C'est moi qui ai pris l'affaire en main. Bien content de vous voir de retour à Londres !

— Je me suis dit qu'un peu d'aide venue de l'extérieur vous ferait du bien. Trois meurtres impunis en un an, Lestrade, c'est un peu trop. En revanche, pour ce qui est du mystère Molesey, vous vous en êtes tiré avec moins de — comment dirais-je ? — que de coutume. Enfin, vous vous en êtes assez bien tiré !

Nous nous étions tous relevés. Encadré de deux robustes agents, notre prisonnier respirait péniblement. Dans la rue des curieux s'étaient déjà rassemblés. Holmes gagna la fenêtre, la referma et tira le store.

---

réponse : to prompt an answer. *Le souffleur* (au théâtre) : the prompter.

12. **I... myself :** *moi personnellement.* **You yourself** : *toi personnellement* (pl. You yourselves). **He himself, she herself, they themselves** : *lui, elle, eux personnellement.*

13. **unofficial :** m.à.m. *non officiel(le).* **The official channels** : *les voies régulières, la voie hiérarchique. Office religieux :* a religious service. *Officier* (v.) : to perform.

14. **to handle :** a) *manier, manipuler* b) *traiter, conduire* (une affaire, une transaction).

15. **fairly well :** *pas mal du tout, convenablement.*

16. **stalwart :** *robuste, florissant.*

Lestrade had produced[1] two candles, and the policemen had uncovered their lanterns. I was able at last to have a good look at our prisoner.

It was a tremendously[2] virile and yet sinister face which was turned towards us. With the brow[3] of a philosopher above and the jaw of a sensualist below, the man must have started with great capacities for good or for evil. But one could not look upon his cruel blue eyes, with their drooping, cynical lids[4], or upon the fierce, aggressive nose and the threatening, deep-lined[5] brow, without reading Nature's plainest[6] danger-signals. He took no heed[7] of any of us, but his eyes were fixed upon Holmes' face with an expression in which hatred and amazement were equally blended[8]. "You fiend !" he kept on muttering[9], "you clever, clever fiend !"

"Ah, Colonel !" said Holmes, arranging his rumpled collar, " 'journeys end in lovers' meetings[10],' as the old play says. I don't think I have had the pleasure of seeing you since you favoured me with those attentions as I lay on the ledge above the Reichenbach Fall."

The Colonel still stared at my friend like a man in a trance. "You cunning, cunning fiend !" was all that he could say.

"I have not introduced you yet," said Holmes. "This, gentlemen, is Colonel Sebastian Moran, once[11] of her Majesty's Indian Army, and the best heavy-game[12] shot that our Eastern Empire has ever produced.

---

1. **to produce :** a) *produire* b) *procurer* c) *montrer, faire apparaître.* Ex. : she produced three children peut, suivant le contexte, signifier, tantôt *elle était accompagnée de trois enfants* et tantôt *elle a eu trois enfants.*
2. **tremendous :** *immense, énorme.* Tremendously : *considérablement, énormément.*
3. **brow** (syn. forehead) : *le front.* Highbrow literature : *des lectures difficiles, pour intellectuels :* middle brow literature : *des lectures faciles, qui n'exigent pas un trop grand effort de réflexion.*
4. **drooping lids** (pour eyelids) : *des paupières tombantes, lourdes.* Lid : *un couvercle.*
5. **deep-lined** (ou deeply lined) : *aux rides, aux traits profonds. Rides* (flétrissures) : **wrinkles.** *Sillon* (dans un champ) : **furrow.** *Sillon* (sur un disque) : **groove.**
6. **plain :** a) *simple, clair, facile à déchiffrer, évident.* To speak

Lestrade avait apporté deux bougies et les agents démasqué leurs lanternes. Il me fut enfin possible d'observer à ma guise notre prisonnier.

Il avait un visage terriblement brutal et sinistre. Le front était celui d'un intellectuel, la mâchoire celle d'un jouisseur : il avait dû, au seuil de sa carrière, posséder des dispositions pour le bien autant que pour le mal. Mais on ne pouvait pas regarder ses yeux bleus au regard cruel, ses paupières au pli cynique, son nez agressif, son front sillonné de rides menaçantes sans recueillir les signaux de danger de Dame Nature. Il ne nous prêtait pas la moindre attention mais fixait sur Holmes un regard où se mêlaient la haine et l'admiration. « Quel démon ! » murmurait-il entre ses dents. « Quel être diabolique ! »

« — Colonel, fit Holmes en réajustant son col froissé, comme dit le proverbe, seules les montagnes ne se rencontrent pas. Je ne crois pas avoir eu le plaisir de vous voir depuis le jour où, suspendu au-dessus des chutes de Reichenbach, je fus comblé de vos attentions.

Tel un homme hypnotisé, le colonel continuait à regarder mon ami.

« — Diabolique, absolument diabolique ! ne cessait-il de marmonner.

« — Je n'ai pas encore fait les présentations, dit Holmes. Messieurs, voici le colonel Sebastian Moran, naguère au service de l'armée impériale des Indes et le meilleur tireur de gros gibier de notre Empire oriental.

---

plainly : *parler sans détours* b) *sans apprêt et sans recherche ;* **plain food** : *de la nourriture simple* c) *sans grâce ;* **a plain woman** : *une femme laide, d'apparence ingrate.*
7. **to take no heed :** *ne pas prendre garde, ignorer* (un conseil, un danger). **Heedless :** *étourdi.*
8. **to blend :** *mélanger* (syn. **to mix**). ⚠ *Mélanger* (au sens de confondre, prendre un objet pour un autre) : **to mistake (one for another).**
9. **to mutter :** *marmonner, parler entre ses dents.*
10. **"journeys end in lovers' meetings" :** citation tirée de Shakespeare *(Cymbeline) ;* m.à.m. *les voyages se terminent par des retrouvailles d'amoureux.*
11. **once :** a) *une fois* b) *jadis* (**once upon a time** : *il était une fois*).
12. **heavy-game :** *le gros gibier.* **Game :** a) *un jeu, une partie* b) *le gibier.*

I believe I am correct, Colonel, in saying that your bag of tigers[1] still remains unrivalled[2] ?"

The fierce[3] old man said nothing, but still glared at my companion with his savage eyes and bristling[4] moustache he was wonderfully like a tiger himself.

"I wonder that my very simple stratagem could deceive so old a shikari[5]," said Holmes. "It must be very familiar to you. Have you not tethered[6] a young kid[7] under a tree, lain above it with your rifle, and waited for the bait[8] to bring up your tiger ? This empty house is my tree, and you are my tiger. You have possibly had other guns in reserve in case there should be several tigers, or in the unlikely supposition of your own aim failing you. These," he pointed around, "are my other guns. The parallel is exact."

Colonel Moran sprang forward with a snarl[9] of rage, but the constables dragged him back. The fury upon his face was terrible to look at.

"I confess that you had one[10] small surprise for me," said Holmes. "I did not anticipate[11] that you would yourself make use of this empty house and this convenient front window. I had imagined you as operating from the street, where my friend Lestrade and his merry men[12] were awaiting you. With that exception, all has gone as I expected."

Colonel Moran turned to the official detective.

---

1. **bag** : *un sac.* En termes de chasse : **a bag of tigers** : *le nombre de tigres abattus.* **To bag** (ou **to bag up**) : *amasser, ajouter à ses trophées, à son butin.*
2. **unrivalled** : *sans égal, sans rival.* **To rival with someone** : *rivaliser avec qqun.*
3. **fierce** : *féroce, farouche, indomptable.*
4. **to bristle** : *se hérisser.* **Bristle** : *la soie* (du porc, du sanglier).
5. **shikari** : terme colonial.
6. **to tether** : *attacher au bout d'une corde.* **Tether** : *une laisse.* **To be at, to reach the end of one's tether** : *en avoir assez, être à bout de patience ou de fatigue* (m.à.m. *au bout de sa laisse*).
7. **a kid** : a) *un chevreau, du chevreau* (**kid gloves** : *des gants de chevreau*) b) *un gosse.* **To kid** (fam.) : *plaisanter, ne pas parler sérieusement.* **Are you kidding** (ou **no kidding**) ? : *vous parlez sérieusement, sans blague ?*
8. **bait** : *l'appât.* **Les appas** (physiques, sexuels) : **charms.**

Je ne me trompe pas, colonel, en disant que votre tableau de chasse au tigre est toujours le premier du monde ? »

Le farouche vieillard se taisait mais son regard féroce posé sur mon compagnon et sa moustache hérissée lui donnaient tout à fait l'allure d'un fauve.

— Je m'étonne que mon si naïf stratagème ait pu duper un vieux routier comme vous. Vous devez bien le connaître. N'avez-vous jamais attaché un chevreau à un tronc d'arbre et, caché dans le feuillage de l'arbre, attendu le moment où cet appât ferait venir le tigre ! Cette maison vide est mon arbre et vous êtes mon tigre. Peut-être aviez-vous des fusils de réserve au cas où il viendrait plusieurs tigres ou pour le cas fort improbable où vous rateriez votre coup.

Holmes nous désigna et dit :

— Voici mes fusils de réserve. Comme vous voyez, c'est la même situation.

Le colonel Moran avança d'un pas en poussant un cri de rage. Mais les agents le tirèrent en arrière. La fureur qui se lisait sur son visage était horrible à voir.

— J'avoue, poursuivit Holmes, que vous m'aviez réservé une petite surprise. Je ne vous imaginais pas utilisant vous-même cette maison vide et sa fenêtre si commode. Je vous voyais posté dans la rue, où vous attendaient mon ami Lestrade et ses joyeux lurons. A ce détail près les choses se sont passées comme je m'y attendais.

Le colonel Moran s'adressa au policier officiel :

---

9. **to snarl** : *grogner, gronder.* A snarl : *grognement, grondement.*
10. **one** : *une singulière.* L'adjectif numéral est ici la forme emphatique de l'article indéfini a. One peut aussi avoir le sens de *un(e) certain(e)*. One Holmes : *un certain Holmes.*
11. **to anticipate** : *prévoir, s'attendre à.*
12. **merry men** : m.à.m. *hommes joyeux.* Façon de parler humoristique de Holmes. Merriment : *gaieté* ou *réjouissance.* **The more, the merrier** : *plus on est de fous, plus on rit.*

"You may or may not have just cause[1] for arresting me," said he, "but at least there can be no reason why I should submit to the gibes[2] of this person[3]. If I am in the hands of the law, let things be done in a legal way."

"Well, that's reasonable enough," said Lestrade. "Nothing further you have to say, Mr. Holmes, before we go?"

Holmes had picked up the powerful air-gun from the floor, and was examining its mechanism.

"An admirable and unique weapon," said he, "noiseless and of tremendous power. I knew Von Herder, the blind[4] German mechanic[5], who constructed it to the order of the late Professor Moriarty. For years I have been aware of its existence, though I have never before had the opportunity of handling it. I commend[6] it very specially to your attention, Lestrade, and also the bullets which fit it."

"You can trust us to look after[7] that, Mr. Holmes," said Lestrade, as the whole party[8] moved towards the door. "Anything further to say?"

"Only to ask what charge you intend to prefer[9]?"

"What charge, sir? Why[10], of course, the attempted murder of Mr. Sherlock Holmes."

"Not so[11], Lestrade. I do not propose to appear in the matter at all. To you, and to you only, belongs the credit of the remarkable arrest which you have effected. Yes, Lestrade, I congratulate you! With your usual happy mixture of cunning[12] and audacity, you have got him."

"Got him! Got whom, Mr. Holmes?"

---

1. **just cause :** *une bonne raison, une raison pertinente.* Noter l'absence d'article. Autre ex. : I have no cause to complain : *je n'ai pas lieu de me plaindre.* **Cause :** a) *une cause* (cause and consequence : *cause et conséquence*) b) *raison, justification* c) syn. de **case** (légal) : if the cause is just : *s'il s'agit d'une juste cause.*

2. **gibes** [djai:bz] : *des quolibets, des railleries.* To gibe at someone : *railler qqun.*

3. **this person :** péjoratif (: *cet individu*).

4. **blind :** *aveugle.* Blindness : *cécité.* Dumb : *muet.* Deaf : *sourd. Les aveugles :* the blind. *Les sourds-muets :* the deaf and dumb.

5. **mechanic :** *un mécanicien.* Mechanism : *le mécanisme. La force mécanique, les blindés :* the **armoured forces** (brigades, divisions).

— J'ignore si vous êtes légalement fondé à m'arrêter, dit-il. Mais il n'y a au moins aucune raison pour que je subisse les railleries de cet individu. Si je suis entre les mains de la loi, alors que les choses se déroulent en toute légalité !

— Voilà qui est raisonnable, fit Lestrade. Mr. Holmes, avant que nous ne nous en allions, avez-vous quelque chose à ajouter ?

Holmes avait ramassé le puissant fusil à air comprimé et il en étudiait le mécanisme.

— C'est une arme superbe, une pièce rare. Silencieuse et terriblement meurtrière. J'ai connu l'Allemand von Herder, cet artisan aveugle qui l'avait fabriquée à la demande de feu le professeur Moriarty. Il y a des années que j'en ai entendu parler, mais auparavant je n'avais jamais eu l'occasion de l'avoir en main. Je vous conseille très vivement de l'examiner, Lestrade, de même que les balles qui s'y adaptent.

— Soyez certain que nous y veillerons, Mr. Holmes, dit Lestrade tandis que tout le monde s'acheminait vers la porte. Désirez-vous ajouter quelque chose ?

— Une simple question : de quoi allez-vous l'accuser ?

— De quoi ? Mais, bien entendu, d'une tentative d'assassinat sur la personne de Mr. Sherlock Holmes.

— Non, Lestrade. Je ne veux pas être mêlé à cette affaire. A vous et à vous seul revient le mérite de cette arrestation remarquable. Oui, Lestrade, je vous félicite. Grâce à votre habituel mélange de ruse et d'audace vous avez réussi à l'avoir.

— A l'avoir ? A avoir qui ?

---

6. **to commend** : *recommander. Recommander un paquet :* to register a parcel. *Commander un paquet :* to order a parcel. *Commander* (intrans.) : to command, to lead (led, led). *Les dix commandements :* the ten commandments.
7. **to look after** : *s'occuper de, soigner, veiller sur.*
8. **party** : a) *un groupe, une compagnie* b) *une réception* c) *un parti politique.* ⚠ **Part** : a) *une partie* b) *un rôle* (dans une pièce).
9. **to prefer** : a) *préférer* b) *émettre, intenter* (en justice).
10. **why** (locution) : *eh bien !*
11. **not so** : m.à.m. *pas ainsi = pas du tout, ce n'est pas cela.*
12. **cunning** : *astucieux, malin, fourbe, rusé.*

"The man that the whole force has been seeking[1] in vain — Colonel Sebastian Moran, who shot the Honourable Ronald Adair with an expanding bullet from an air-gun through the open window of the second-floor front of No. 427, Park Lane, upon the 30th of last month. That's the charge[2], Lestrade. And now, Watson, if you can endure the draught[3] from a broken window, I think that half an hour in my study over a cigar may afford you some profitable amusement."

Our old chambers had been left unchanged through the supervision[4] of Mycroft Holmes and the immediate care of Mrs. Hudson. As I entered I saw, it is true, an unwonted[5] tidiness[6], but the old landmarks[7] were all in their place. There was the chemical corner and the acid-stained, deal[8]-topped table. There upon a shelf was the row[9] of formidable scrap-books[10] and books of reference which many of our fellow-citizens would have been so glad to burn. The diagrams, the violin-case, and the pipe-rack — even the Persian slipper[11] which contained the tobacco — all met my eyes as I glanced round me. There were two occupants of the room ≠ one, Mrs. Hudson, who beamed[12] upon us both as we entered — the other, the strange dummy which had played so important a part in the evening's adventures. It was a wax-coloured model of my friend, so admirably done that it was a perfect facsimile. It stood on a small pedestal table with an old dressing-gown of Holmes' so draped round it that the illusion from the street was absolutely perfect.

---

1. **to seek** (sought, sought) : *chercher* ou *rechercher*.

2. **that's the charge :** *voilà l'accusation*. That's = that is. That's it ! : *c'est cela ! j'ai trouvé, j'y suis !* ou *vous avez trouvé, vous y êtes !* ▲ Charge : *une accusation*. To charge someone with theft : *accuser qqun de vol*. ▲ *Une charge* (un poids) : a load. *Charger* (entasser) : to load. I didn't know the gun was loaded : *j'ignorais que l'arme était chargée*.

3. **draught** (ou draft) : *courant d'air* (de to draw, drew, drawn : *tirer, hisser*). Draught beer : *la bière à la pression* (tirée du tonneau).

4. **supervision :** *garde, surveillance*. To supervise : *surveiller, superviser*.

5. **unwonted :** *inhabituel*. Adjectif dérivé d'un verbe vieil anglais dont on ne trouve plus la trace que dans la locution (archaïsante) : **to be wont to do something** : *avoir pour coutume de faire qqch*.

— Mais celui que toute la police recherche ! Le colonel Sebastian Moran qui, le 30 du mois dernier à l'aide d'un fusil à air comprimé, a, par la fenêtre ouverte du second étage au 427 Park Lane, assassiné l'Honorable Ronald Adair. Voilà votre accusation Lestrade ! Maintenant, Watson, si le courant d'air causé par un bris de vitre ne vous incommode pas trop, nous pouvons, en fumant un cigare, passer une agréable demi-heure dans mon bureau.

Grâce à la vigilance de Mycroft et aux soins quotidiens de Mrs. Hudson notre vieil appartement était resté le même. Il est vrai que, en entrant, j'y trouvai un ordre inhabituel, mais les vieux points de repère étaient toujours à leur place. Il y avait le coin pour la chimie et la table en bois blanc avec ses taches d'acide. Sur une étagère se dressaient les livres de référence et les registres impressionnants que nombre de nos compatriotes eussent été si contents de pouvoir brûler. D'un seul coup d'œil je saisis les graphiques, l'étui du violon, le râtelier à pipes et même la babouche qui contenait le tabac. Deux personnes se trouvaient dans la pièce : l'une était Mrs. Hudson, qui nous accueillit d'un sourire rayonnant, et l'autre cet étrange mannequin qui avait joué un rôle si important au cours de la soirée. C'était une exacte réplique en cire de mon ami. La ressemblance avec le modèle était parfaite. On l'avait posé sur un petit trépied et, drapé d'une vieille robe de chambre de Holmes, il créait une illusion à laquelle, en le regardant de la rue, on ne pouvait que se méprendre.

---

6. **tidiness** : *l'ordre, le soin.* Tidy : *bien rangé, bien en ordre.*
7. **landmarks** : *bornes de repérage, points de repère, étapes.*
8. **deal** : *du bois blanc.*
9. **row** [rouː] : *une rangée, un rang.* ▲ Row [raːou] : *une dispute, une rixe.*
10. **scrap-book** : *album, recueil d'articles.* To scrape : *racler, ramasser des petits morceaux, des débris.* Sky-scraper : *un gratte-ciel.* Scraps of information : *des bribes d'information.*
11. **Persian slipper** : *une babouche* (m.à.m. *une pantoufle persane*).
12. **to beam** : *rayonner* (soleil), *arborer un sourire radieux.* A beam : *une poutre.* Sunbeam : *rayon de soleil.*

"I hope you preserved[1] all precautions, Mrs. Hudson ?" said Holmes.

"I went to it on my knees, sir, just as you told me."

"Excellent. You carried the thing out[2] very well. Did you observe where the bullet went ?"

"Yes, sir. I'm afraid it has spoilt your beautiful bust, for it passed right through the head and flattened itself on the wall. I picked it up from the carpet. Here it is !"

Holmes held it out to me. "A soft revolver bullet, as you perceive[3], Watson. There's genius in that, for who would expect to find such a thing fired from an air-gun ? All right, Mrs. Hudson, I am much obliged for your assistance. And now, Watson, let me see you in your old seat once more, for there are several points which I should like to discuss with you."

He had thrown off the seedy[4] frock-coat, and now he was the Holmes of old[5] in the mouse-coloured[6] dressing-gown which he took from his effigy.

"The old shikari's nerves have not lost their steadiness, nor his eyes their keenness[7]," said he, with a laugh, as he inspected the shattered[8] forehead of his bust.

"Plumb in[9] the middle of the back of the head and smack through[10] the brain. He was the best shot in India, and I expect that there are few better in London. Have you heard the name ?"

"No, I have not."

"Well, well, such is fame[11] ! But, then, if I remember right, you had not heard the name of Professor James Moriarty, who had one of the great brains of the century.

---

1. **to preserve :** a) *sauvegarder* b) *suivre une prescription.* Preserves : *des conserves alimentaires en bocaux (≠ en boîtes :* tins ou cans).

2. **to carry out :** *exécuter* (une tâche), *s'acquitter* (d'une mission). To miscarry : *rater, échouer.* A miscarriage : *une fausse couche.*

3. **to perceive :** a) *constater* b) *percevoir* (un droit, une taxe). *Le percepteur :* the Tax Inspector.

4. **seedy :** *minable, miteux.* Seed : *une graine* ou *une semence.* To seed : a) *ensemencer* (trans.) b) *monter en graine* (intrans.).

5. **of old :** *de « dans le temps ».* The Holmes of old : *le Holmes que j'avais connu jadis.* As of old : *comme à l'époque.* Old age : *la vieillesse.*

— J'espère, dit Holmes à Mrs. Hudson, que vous aviez observé toutes les précautions ?

— Je suis restée à genoux, Monsieur, comme vous m'aviez dit.

— Parfait. Vous avez admirablement mené l'affaire. Avez-vous remarqué l'endroit où la balle s'est logée ?

— Oui, Monsieur. Dommage qu'elle ait abîmé votre beau buste car elle a traversé la tête et s'est écrasée sur le mur. Je l'ai ramassée sur le tapis. Tenez !

Holmes me montra la balle :

— Vous avez vu, Watson : un projectile tendre. C'est génial car on n'imaginerait jamais qu'il puisse avoir été tiré avec un fusil à air comprimé. C'est bien, Mrs. Hudson. Je vous remercie infiniment pour votre assistance. Maintenant, Watson, reprenez une fois de plus votre place dans le fauteuil car je désire aborder avec vous un certain nombre de détails.

Il avait abandonné la redingote râpée et il était redevenu le Holmes de jadis, vêtu de la robe de chambre beige qu'il avait retirée de son mannequin.

— Le vieux chasseur n'a perdu ni sa sûreté de main ni son coup d'œil, dit-il en riant devant le crâne fracassé du buste. En plein dans la nuque et à travers la cervelle. Il était le meilleur fusil des Indes et je doute qu'il y en ait de meilleur que lui dans tout Londres. Son nom ne vous dit rien ?

— Non, rien du tout.

— Voilà bien la renommée ! Mais je crois me rappeler que vous n'aviez jamais entendu parler du professeur Moriarty, l'une des plus grandes intelligences de notre siècle.

---

6. **mouse-coloured :** *beige* (cf. *gris souris*). **Mouse-coloured hair :** *des cheveux châtain clair.*
7. **keenness :** *acuité, pénétration, tranchant.*
8. **to shatter :** a) *briser, démolir, mettre en pièces* b) *ébranler* (une foi, une conviction).
9. **plumb in :** *en plein dans* (« le mille »).
10. **smack through :** *vlan, à travers.* To smack : a) *frapper du plat de la main* b) *faire claquer la langue contre le palais.* A smack of something : *un petit morceau « pour goûter ».* To have a smack at something : *s'essayer à une activité* (to have a smack at a foreign language, at a sport : *« se mettre à » une langue étrangère, à un sport*).
11. **fame :** *la réputation, la gloire.* Famous ou famed : *célèbre.* Tristement célèbre : notorious. *Les célébrités :* famous people.

Just give me down my index[1] of biographies from the shelf."

He turned over the pages lazily[2], leaning back in his chair and blowing great clouds from his cigar.

"My collection of M's is a fine one," said he. "Moriarty himself is enough to make any letter illustrious, and here is Morgan the poisoner, and Merridew of abominable memory[3], and Mathews, who knocked out my left canine in the waiting-room at Charing Cross[4], and, finally, here is our friend of to-night."

He handed over the book, and I read : "*Moran, Sebastian, Colonel.* Unemployed[5]. Formerly[6] 1st Bengalore Pioneers[7]. Born London, 1840. Son of Sir Augustus Moran, C.B.[8], once[9] British Minister to Persia. Educated Eton and Oxford. Served in Jowaki Campaign, Afghan Campaign, Charasiab (despatches), Sherpur, and Cabul. Author of 'Heavy Game of the Western Himalayas' (1881) ; 'Three Months in the Jungle' (1884). Address : Conduit Street. Clubs : The Anglo-Indian, the Tankerville, the Bagatelle Card Club."

On the margin was written, in Holmes' precise hand : "The second most dangerous man in London."

"This is astonishing[10]," said I, as I handed back the volume. "The man's career is that of an honourable soldier."

"It is true," Holmes answered. "Up to[11] a certain point he did well. He was always a man of iron nerve, and the story is still told[12] in India how he crawled[13] down a drain[14] after a wounded man-eating tiger.

---

1. **index :** *registre* ou *index*. ▲ *L'index* (deuxième doigt de la main) : **forefinger** (m.à.m. *le premier doigt* car en anglais le pouce n'est pas compté comme l'un des cinq **fingers**).
2. **lazily :** *paresseusement*. **Laziness :** *paresse*. **Lazy :** *paresseux*. *Paresser :* to laze.
3. **of abominable memory :** non pas « *qui avait une mémoire abominable* », mais *qui a laissé un abominable souvenir, de sinistre mémoire*.
4. **Charing Cross :** gare de Londres située à l'extrémité ouest du Strand, dont il est question dans la nouvelle précédente.
5. **unemployed :** a) *sans profession* b) *chômeur*.
6. **formely :** *précédemment, auparavant*. **The former** ≠ **the latter :** *celui-là* ≠ *celui-ci*.

Passez-moi donc mon registre biographique qui se trouve sur l'étagère.

Bien calé dans son fauteuil il se mit à feuilleter paresseusement en soufflant de gros nuages de fumée de son cigare.

— J'ai une jolie collection à la lettre « M ». Moriarty suffirait à lui seul à glorifier n'importe quelle initiale. Mais j'ai également Morgan, l'empoisonneur, le sinistre Merridew, Mathews dont le poing m'a fait sauter une canine gauche dans la salle d'attente de Charing Cross. Et voici notre ami de ce soir.

Il me tendit le registre et je lus : « *Moran, Sebastian, colonel :* sans profession. Antérieurement au 1er régiment du génie à Bengalore. Né à Londres en 1840. Fils de Sir Augustus Moran (Ordre du Bain) et ancien ministre plénipotentiaire en Perse. Études à Eton et Oxford. Campagne de Jowaki, campagne d'Afghanistan, Charasiab (estafette), Sherpur et Kaboul. Auteur de *Chasse au tigre à l'ouest de l'Himalaya*, 1881 ; de *Trois mois dans la jungle*, 1884. Adresse : Conduit Street. Clubs : l'Anglo-indien ; le Tankerville ; le cercle Bagatelle. »

En marge, de son écriture méticuleuse, Holmes avait écrit : « L'ennemi public n° 2 de Londres. »

— Voilà qui est stupéfiant, dis-je en lui rendant le volume. Son passé est celui d'un militaire distingué.

— C'est vrai. Jusqu'à un certain point il n'y a rien à redire. Il a toujours possédé des nerfs d'acier et aujourd'hui encore aux Indes on raconte comment il s'est risqué dans une canalisation à la poursuite d'un redoutable tigre blessé.

---

7. **pioneers :** a) *des pionniers* b) *le génie* (syn. **engineers**).
8. **C.B. :** compagnon de l'Ordre du Bain (**Companion of the Order of the Bath**). Distinction honorifique.
9. **once :** *une fois, naguère.*
10. **astonishing :** *extraordinaire, invraisemblable.*
11. **up to :** *jusqu'à* (s'agissant d'une hauteur ou d'une date ; **up to the knee :** *jusqu'au genou,* **up to his marriage :** *jusqu'à son mariage*). **To be up to something :** *mijoter qqch., préparer un coup, réserver une surprise.*
12. **the story is told :** m.à.m. *on raconte toujours l'histoire.*
13. **to crawl :** *ramper.*
14. **drain :** *une canalisation* (de drainage). **To go down the drains :** *péricliter.*

There are some trees, Watson, which grow to a certain height, and then suddenly develop some unsightly[1] eccentricity. You will see it often in humans. I have a theory that the individual represents in his development the whole procession[2] of his ancestors, and that such a sudden turn to[3] good or evil stands for some strong influence which came into the line of his pedigree. The person becomes, as it were, the epitome[4] of the history of his own family."

"It is surely rather fanciful."

"Well, I don't insist upon it[5]. Whatever the cause[6], Colonel Moran began to go wrong. Without any open scandal, he still made India too hot[7] to hold him. He retired[8], came to London, and again acquired an evil name. It was at this time that he was sought out[9] by Professor Moriarty, to whom for a time he was chief of the staff. Moriarty supplied him liberally with money, and used him only in one or two very high-class jobs, which no ordinary criminal could have undertaken. You may have some recollection of the death of Mrs. Stewart, of Lauder, in 1887. Not ? Well, I am sure Moran was at the bottom of it, but nothing could be proved. So cleverly was the Colonel concealed[10] that, even when the Moriarty gang was broken up, we could not incriminate him. You remember at that date, when I called upon you in your rooms, how I put up the shutters for fear of air-guns ? No doubt you thought me fanciful. I knew exactly what I was doing, for I knew of the existence of this remarkable gun, and I knew also that one of the best shots[11] in the world would be behind it.

---

1. **unsightly :** *désagréable* (à contempler), *qui offense le regard.* The sight : a) *le sens de la vue* b) *la vision, le spectacle qui s'offre au regard.* Out of sight, out of mind : *loin des yeux, loin du cœur* (m.à.m. *hors de la vue, hors de l'esprit*).
2. **procession :** *un cortège.*
3. **a turn to :** *un penchant pour* (m.à.m. *un tournant dans la direction de*). Good ≠ Evil : *le bien ≠ le mal.* Turn : *le changement de direction.* The turn of the tide : *le moment où la mer se met à remonter* (m.à.m. *le tour de la marée*). To turn : *devenir.* Ex. to turn blue : *bleuir, virer au bleu ;* to turn pale : *pâlir, blêmir.* To turn to : *embrasser une carrière.* Ex. she turned to nursing : *elle est devenue infirmière.* To turn up (intrans.) : *surgir, arriver à l'improviste.* To turn down (trans.) :

Watson, il y a des arbres qui, parvenus à une certaine hauteur, se mettent soudain à développer quelque horrible excroissance. De même, souvent les humains. Ma théorie est que le développement de chaque individu résume toute son ascendance et que toute déviation vers le bien ou vers le mal est imputable à une influence présente dans son pedigree. Toute personne synthétise en quelque sorte l'histoire de toute sa famille.

— C'est une théorie plutôt fantaisiste.

— Je ne la tiens pas pour irréfutable. Quelle qu'en soit la cause, le colonel Moran a mal tourné. Sans qu'aucun scandale ait éclaté ouvertement il a fini par se rendre indésirable en Inde. Il s'est retiré, il est rentré à Londres et s'y est fait une réputation déplorable. C'est alors que le professeur Moriarty prit contact avec lui et qu'il est devenu son chef d'état-major. Moriarty ne lui a pas ménagé son argent et lui a commandité une ou deux affaires de très grande classe qui n'étaient pas à la portée d'un vulgaire criminel. Peut-être vous rappelez-vous la mort de Mrs. Stewart, de Lauder, en 1887 ? Cela ne vous dit rien ? Eh bien, je suis sûr que Moran était derrière cette affaire mais on n'a rien pu prouver contre lui. Le colonel était si bien dissimulé qu'au moment où l'on a démantelé le gang Moriarty il a été impossible de l'incriminer. Vous rappelez-vous qu'à l'époque, quand j'étais allé vous voir, j'avais fermé les volets par crainte des fusils à air comprimé ? Vous avez sûrement pensé que je me faisais des idées. Mais je savais très bien ce que je faisais. Je connaissais l'existence de cette arme remarquable et je savais qu'elle était entre les mains de l'un des meilleurs tireurs du monde.

---

refuser. Ex. she turned down his proposal : *elle lui a refusé sa main.*

4. **epitome** : *résumé en miniature, quintessence.*
5. **to insist upon something** : *s'obstiner à qqch.*
6. **whatever the cause** (ou whatever the cause may be) : *quelle qu'en soit la cause, quoi qu'il en soit.*
7. **too hot** : *intenable* (l'atmosphère, le climat). M.à.m. *trop brûlant.*
8. **to retire** : *se retirer, prendre sa retraite. La retraite :* retirement. *La retraite* (stratégique) : retreat.
9. **to seek** (sought, sought) **someone out** : *découvrir, trouver qqun que l'on recherche particulièrement.*
10. **to conceal** : *cacher, dissimuler.* Place of concealment : *cachette, retraite, « planque ».*
11. **shot** : a) *un tireur au fusil* b) *un coup au but* c) *un « petit coup » d'alcool :* a shot of whisky. Bloodshot : *injecté de sang.* To shoot, shot, shot : *tirer* (dans la direction d'une cible).

When we were in Switzerland he followed us with Moriarty, and it was undoubtedly he who gave me that evil five minutes[1] on the Reichenbach ledge.

"You may think that I read the papers with some attention during my sojourn[2] in France, on the look-out for[3] any chance of laying him by the heels[4]. So long as he was free in London, my life would really not have been worth living[5]. Night and day the shadow would have been over me, and sooner or later[6] his chance must have come. What could I do ? I could not shoot him at sight[7], or I should myself be in the dock[8]. There was no use appealing to a magistrate. They cannot interfere on the strength of[9] what would appear to them to be a wild suspicion. So I could do nothing. But I watched the criminal news[10], knowing that sooner or later I should get him. Then came the death of this Ronald Adair. My chance had come at last. Knowing what I did, was it not certain that Colonel Moran had done it ? He had played cards with the lad[11], he had followed him home from the club, he had shot him through the open window. There was not a doubt of it. The bullets alone are enough to put his head in a noose[12]. I came over[13] at once. I was seen by the sentinel, who would, I knew, direct the Colonel's attention to my presence. He could not fail[14] to connect my sudden return with his crime, and to be terribly alarmed. I was sure that he would make an attempt to get me out of the way *at once*[15], and would bring round his murderous weapon for that purpose.

---

1. **that evil five minutes :** m.à.m. *ces cinq mauvaises minutes.*
2. **sojourn** (archaïque) : *séjour.* Syn. de stay. *Je vous souhaite un agréable séjour :* I wish you a pleasant stay.
3. **to be on the look-out for something :** *guetter qqch., être sur ses gardes.* Look out ! : *Attention ! Prenez garde !* ⚠ Outlook : *façon de voir* ou *ce qui concerne* (qqun) ; it's his own outlook : *c'est son affaire, son « problème ».*
4. **to lay someone by the heels :** *capturer qqun, le pincer* (m.à.m. *le saisir par les talons*). Cf. : *mettre la main au collet.*
5. **worth + ...ing :** *digne de* + infinitif. Is the film worth seeing ? : *Le film vaut-il la peine d'être vu ?* worth : *mérite, valeur.* It's worth ten pounds : *cela coûte dix livres.* It's not worth it : *ça ne vaut pas le coup.*
6. **sooner or later :** *tôt ou tard* (m.à.m. *plus bientôt ou plus tard*). Tôt : early. To be early : *être matinal* ou *être en avance.*

Quand nous étions en Suisse il nous a suivis avec Moriarty et c'est lui qui, sans aucun doute, m'a fait passer un si mauvais quart d'heure sur le surplomb de Reichenbach.

« Vous pouvez croire que pendant mon séjour en France j'ai accordé quelque attention à la presse, espérant trouver l'occasion de le pincer. Aussi longtemps qu'il était à Londres en liberté, mon existence y était irrespirable. Nuit et jour il m'aurait suivi comme une ombre et tôt ou tard il aurait trouvé l'occasion qu'il cherchait. Que faire ? Pas question de tirer sur lui à bout portant : c'est moi qu'on aurait arrêté. Pas question de m'adresser à la police : elle ne peut pas intervenir au nom de ce qu'elle considère comme une présomption sans fondement. Je ne pouvais donc pas agir. Mais je suivais la chronique criminelle, certain qu'un jour ou l'autre je l'attraperais. Je lus la nouvelle de la mort de Ronald Adair : c'était enfin l'occasion que j'espérais. Sachant ce que je savais, comment ne pas être sûr que c'était l'œuvre du colonel Moran ? Il avait joué aux cartes avec le jeune homme, l'avait suivi depuis le club et l'avait abattu par la fenêtre ouverte. Aucun doute n'était permis. Les balles sont à elles seules une pièce à conviction suffisante pour le faire pendre. Je m'empressai de rentrer à Londres. Le guetteur m'a remarqué et je savais qu'il signalerait ma présence au colonel. Ce dernier ne pouvait pas ne pas attribuer mon retour précipité au crime dont il était coupable et il en était terriblement inquiet. J'étais sûr qu'il agirait de manière à me supprimer *sans délai* et qu'il se servirait de son arme terrifiante.

---

7. **at sight :** *à vue.*
8. **dock :** *le banc des accusés.*
9. **strength :** *la force.* **On the strength of :** *en vertu de.*
10. **criminal news :** *chronique judiciaire* ou *articles concernant les crimes et délits.*
11. **lad :** *jeune homme* (fém. : *lass*).
12. **noose :** *nœud coulant.*
13. **to come over :** *venir « de ce côté-ci », rejoindre le pays où l'on se trouve maintenant.*
14. **to fail :** a) *échouer* b) *faillir. Défaillir :* to faint. *Une faillite :* bankruptcy.
15. **at once :** *immédiatement, à l'instant même.*

I left him an excellent mark[1] in the window, and, having warned the police that they might be needed — by the way, Watson, you spotted[2] their presence in that doorway with unerring[3] accuracy — I took up what seemed to me to be a judicious post for observation, never dreaming[4] that he would choose the same spot for his attack. Now, my dear Watson, does anything remain for me to explain ?"

"Yes," said I. "You have not made it clear what was Colonel Moran's motive in murdering the Honourable Ronald Adair ?"

"Ah ! my dear Watson, there we come[5] into those realms[6] of conjecture, where the most logical mind may be at fault[7]. Each may form his own hypothesis upon the present evidence, and yours is as likely to[8] be correct as mine."

"You have formed one, then ?"

"I think that it is not difficult to explain the facts. It came out in evidence[9] that Colonel Moran and young Adair had, between them, won a considerable amount of money. Now, Moran undoubtedly played foul[10] — of that I have long been aware. I believe that on the day of the murder Adair had discovered that Moran was cheating[11]. Very likely he had spoken to him privately, and had threatened to expose[12] him unless he voluntarily resigned his membership of the club, and promised not to play cards again. It is unlikely[13] that a youngster like Adair would at once[14] make a hideous scandal by exposing a well-known man so much older than himself.

---

1. **an excellent mark** : *une excellente cible* (syn. target).
2. **to spot** : a) *repérer* b) *marquer, moucheter*. **Spot** : a) *une tache* (spotty : *moucheté, taché*) b) *un lieu, un endroit*. Ex. : they live in a delightful spot : *ils habitent un endroit ravissant*.
3. **unerring** : *infaillible*. To err, to be in error : *se tromper* (cf. *erreur*).
4. **to dream** (dreamt, dreamt) : *rêver*. A dream : *un rêve, un songe*. Sleep : *le sommeil*. Sleepwalker : *un somnambule*.
5. **there we come** : m.à.m. *là nous arrivons*. Cf. **There you are !** *Vous y voilà ! Vous y êtes !* (vous avez deviné, vous avez compris).
6. **realms** : *royaumes* au sens figuré (= *les régions imaginaires*). *Un royaume* : kingdom. The United Kingdom : *le*

Je lui avais laissé une excellente cible à la fenêtre et après avoir prévenu la police que sa présence serait peut-être nécessaire (incidemment Watson, vous aviez avec un flair infaillible repéré ses représentants sous le porche), j'adoptai un lieu d'observation qui me semblait propice, mais sans me douter un instant qu'il choisirait le même pour son attaque. Maintenant, mon cher Watson, reste-t-il quelque chose à vous expliquer ?

— Oui : vous ne m'avez pas expliqué le mobile du colonel Moran pour assassiner l'Honorable Ronald Adair.

— Mon cher Watson, nous abordons ici le domaine des conjectures, dans lequel l'esprit le plus logique peut se tromper. Chacun peut construire sa théorie à partir des éléments connus actuellement et la vôtre peut être aussi recevable que la mienne.

— Vous en avez donc une ?

— Je ne crois pas que les faits soient difficiles à expliquer. Il est apparu à l'instruction que le colonel et le jeune Adair avaient gagné ensemble des sommes considérables. Il ne fait aucun doute que Moran trichait aux cartes ; je le savais depuis longtemps. Je crois que le jour du meurtre Adair s'en était aperçu. Il en avait parlé discrètement à Moran et il l'avait menacé de le dénoncer si de lui-même ce dernier ne rendait sa carte du club et jurait solennellement de renoncer aux cartes. Il est peu vraisemblable d'imaginer un jeune homme comme Adair faisant éclater un scandale aux dépens d'un personnage très connu et de beaucoup son aîné.

Royaume-Uni (jusqu'au début du XVIIIe siècle c'étaient deux royaumes distincts, celui d'Angleterre et celui d'Écosse).

7. **to be at fault :** *se tromper, commettre une méprise, avoir tort.*

8. **to be likely to :** *dont on peut prédire qu'il sera.* Du sens de *vraisemblable*, on passe avec likely au sens de *probabilité.* Unlikely : *improbable.*

9. **to come out :** *sortir, ressortir, apparaître.* **Evidence :** *témoignage, audition des témoins. Un témoignage :* a piece of evidence. ▲ *Évident :* obvious. *L'évidence :* the obvious.

10. **foul :** *irrégulier, interdit.* A foul : *un coup bas.* To play foul : *tricher* (syn. to cheat). Foul play : a) *tricherie* b) *du vilain* (sous-entendu : un meurtre).

11. **to cheat :** *tricher.* A cheat : *un tricheur, un imposteur.*

12. **to expose :** a) *exposer* (à la lumière, au soleil) ; *le temps d'exposition d'une photo :* the **exposure** b) *démasquer publiquement ; une exposition de tableaux :* a painting exhibition.

13. **unlikely :** cf. ci-dessus note 8.

14. **at once :** *sur-le-champ.*

Probably he acted as I suggest. The exclusion from his clubs would mean ruin to Moran, who lived by his ill-gotten[1] card-gains. He therefore murdered Adair, who at the time was endeavouring[2] to work out[3] how much money he should himself return, since he could not profit by his partner's foul play. He locked the door lest[4] the ladies should surprise him and insist upon knowing[5] what he was doing with these names and coins. Will it pass[6] ?"

"I have no doubt that you have hit upon[7] the truth."

"It will be verified or disproved at the trial. Meanwhile, come what may[8], Colonel Moran will trouble us no more. The famous air-gun of Von Herder will embellish the Scotland Yard Museum, and once again Mr. Sherlock Holmes is free to devote his life to examining those interesting little problems which the complex life of London so plentifully[9] presents."

---

1. **ill-gotten** : *mal acquis.* To get, got, got : *obtenir, acquérir.* La forme archaïque gotten ne se rencontre que dans l'expression ill-gotten et dans le participe passé du verbe to forget (composé de to get), forgotten.
2. **to endeavour** : *essayer, s'efforcer de.* An endeavour : *une tentative, un effort.*
3. **to work out** : *estimer, faire des calculs.*
4. **lest** : *de peur que, pour éviter que.* La conjonction lest est obligatoire après to fear. Elle entraîne l'emploi du subjonctif dans la proposition subordonnée (ici : should surprise him, should insist).
5. **insist upon knowing** : knowing est un nom verbal complément de upon et gouvernant la proposition what he was doing.
6. **to pass** (intrans.) : *être accepté comme valable, être crédible.*

Il a dû agir comme je vous disais. Mais pour Moran, qui n'avait pas d'autre moyen d'existence que de tricher aux cartes, être obligé d'abandonner ses clubs équivalait à un désastre. Il se débarrassa donc d'Adair, lequel, ne désirant pas profiter de la malhonnêteté de son partenaire, était précisément en train de calculer le montant des sommes qu'il devait rembourser. Il s'était enfermé afin de n'être pas dérangé par les dames, qui étaient susceptibles de lui demander ce qu'il faisait avec ces noms et ces pièces de monnaie. Cette hypothèse vous convient-elle ?

— Pour ma part je suis persuadé que vous avez mis dans le mille.

— C'est ce que le procès viendra confirmer ou infirmer. En attendant et quoi qu'il arrive, le colonel Moran a fini de nous inquiéter. Le célèbre fusil à air comprimé de von Herder va embellir le musée de Scotland Yard et Mr. Sherlock Holmes est de nouveau libre de vouer son existence à l'étude des curieux petits problèmes dont fourmille la vie londonienne dans sa complexité.

---

7. **to hit** (hit, hit) **upon :** *découvrir, mettre le doigt sur* (m.à.m. *frapper sur*).
8. **come what may :** *quoi qu'il advienne* (m.à.m. *vienne que pourra*). May, might (verbe défectif) exprime la possibilité, l'éventualité, la contingence. **Maybe :** *peut-être.*
9. **plentifully :** *abondamment.* Plentiful : *abondant.* Posséder *en abondance :* to have in plenty. A land of plenty : *une terre d'abondance.* Une corne d'abondance : **cornucopia.**

BILINGUE

JEROME K. JEROME

Trois hommes dans un bateau

Three men in a boat

LANGUES POUR TOUS

BILINGUE

P. G. WODEHOUSE

Jeeves, occupez-vous de ça !

Jeeves Takes Charge.

LANGUES POUR TOUS

BILINGUE

PATRICIA HIGHSMITH

Crimes presque parfaits

Near-perfect crimes

LANGUES POUR TOUS

BILINGUE

Scott F. Fitzgerald

Un diamant gros comme le Ritz

The Diamond as big as the Ritz

LANGUES POUR TOUS

BILINGUE

Nouvelles allemandes contemporaines

LANGUES POUR TOUS

Deutsche heutige Kurzerzählungen

Impression réalisée sur Presse Offset par

BRODARD & TAUPIN

GROUPE CPI

18860 – La Flèche (Sarthe), le 20-05-2003
Dépôt légal : juin 2003

POCKET – 12, avenue d'Italie - 75627 Paris cedex 13
Tél. : 01.44.16.05.00

Imprimé en France